无中生有

——金融工程哲学笔记

叶永刚◎著

光明日报出版社

图书在版编目（CIP）数据

无中生有：金融工程哲学笔记 / 叶永刚著 . -- 北京：光明日报出版社，2022. 10

ISBN 978 - 7 - 5194 - 6866 - 8

Ⅰ . ①无… Ⅱ . ①叶… Ⅲ . ①金融工程 Ⅳ . ①F830. 49

中国版本图书馆 CIP 数据核字（2022）第 190875 号

无中生有：金融工程哲学笔记

WUZHONG SHENGYOU：JINRONG GONGCHENG ZHEXUE BIJI

著　　者：叶永刚

责任编辑：史　宁　陈永娟　　　　　责任校对：郭嘉欣

封面设计：中联华文　　　　　　　　责任印制：曹　净

出版发行：光明日报出版社

地　　址：北京市西城区永安路 106 号，100050

电　　话：010 - 63169890（咨询），010 - 63131930（邮购）

传　　真：010 - 63131930

网　　址：http：// book. gmw. cn

E - mail：gmrbcbs@ gmw. cn

法律顾问：北京市兰台律师事务所龚柳方律师

印　　刷：三河市华东印刷有限公司

装　　订：三河市华东印刷有限公司

本书如有破损、缺页、装订错误，请与本社联系调换，电话：010-63131930

开　　本：170mm×240mm

字　　数：268 千字　　　　　　　　印　　张：16. 25

版　　次：2023 年 4 月第 1 版　　　　印　　次：2023 年 4 月第 1 次印刷

书　　号：ISBN 978 - 7 - 5194 - 6866 - 8

定　　价：95. 00 元

为什么说"金融工程是一种无中生有的学问"?

——金融工程随笔(代序)

在这些年来的金融工程理论研究与实践的过程中,我越来越意识到它是一种可以做到"无中生有"的学问。为什么?

这个问题要到老子的《道德经》中找理论依据来进行解答。

按照老子的说法,"道可道,非常道"。常道和非常道构成了一个神奇甚至近乎神秘的哲学体系。"道生一,一生二,二生三,三生万物。"

在老子的心目中,事物的发展既有着从0到1的一面,也有着从1到0的一面。这与中国传统哲学的"阴阳平衡"学说是一致的。这也是一种"对立统一"的朴素唯物辩证法思想。

这种思想对于金融的意义何在?这种思想可以进一步从"二生三"来进行分析。

一是"从无到有",即"从0到1";二是"从1到0",即"从有到无";三是"有大于无",即"1大于0"。有了这三层意义,就有了金融工程的整个哲学基础。

从0到1,是金融创新。

从1到0,是风险控制。

1大于0,是套利空间。

在1大于0的问题中,还有一个"1等于0"的问题,这是我们的"无套利分析"。

金融工程是什么?不就是在控制风险的前提下,通过金融创新,有效地配置经济资源吗？

　　宏观金融工程是什么？不就是在控制风险的前提下，通过金融创新，促进经济发展吗？

　　微观金融工程是什么？不就是在控制风险的前提下，通过金融创新，提高经济效益吗？

　　宏观金融工程和微观金融工程的实质就是要将金融创新和风险控制这"两手"一起抓。而"两手一起抓"的目的就是要提高经济效率，促进经济发展。

　　而金融工程这三层意义与老子的"道"的三层意义则是完全一致的。

　　既然如此，这就说明我们的金融工程从其理论到方法再到实践，并不一定要去"言必称西方"，我们完全可以根据中国的经济现实和金融现象，创造出"中国特色的金融学"和"中国特色的金融工程"来。

叶永刚

2018 年 4 月 2 日

于日本东京

目 录
CONTENTS

第一章　金融工程哲学方法概论

有与无

西方哲学中有一个很重要的命题，就是追问人的本质，回答人与世界的关系。其意义是希望我们每一个活着的人都能有一个正确的世界观，能从"必然王国"走向"自由王国"。

由此出发，进一步提出了三个问题：一、我（我们）是谁？二、我（我们）从哪里来？三、我（我们）到哪里去？

这三个问题很难说清但不得不说。说与不说是有区别的。说，就可以使人思想上更为深刻，情绪上更为宁静和愉悦。这种愉悦不只是脸上的，更是来自心灵深处的。

就像原野上沉默着的那一座坟墓。它是横在人鬼两个世界的一座"鬼门关"。活着的人是永远也看不清背后那个"世界"的。但是，活着的人如果偶尔到坟前看一看，坐一坐，或者摸一摸坟头的泥土和荒草，或者沉浸在那种庄严和肃穆的气氛中沉静默想，那一定会有所感悟，一定会活得更为恬淡、更为豁达。这样的人，一定会成为哲人，或者说，这样的人会具有更多的哲人思维。

这使我想起了中国古老的太极图。阴与阳，男与女，白天与黑夜，生与死，有与无……

我们"50后"的青少年时代是"毛泽东时代"，是"雷锋时代"，也是我们每一个人都在向雷锋同志学习的时代。

长大后慢慢地开始"思考"了。我常常思考一些哲学问题，特别是一些关于人生的哲学问题。我常常会提出一个让自己感到诧异和吃惊的问题：为什么雷锋同志那么年轻，就把人生的大问题思考得那么深刻和透彻呢？

他不就是在回答哲学的三大基本问题吗？人是谁？从哪里来？到哪里去？他的不平凡之处不仅在于他的回答，而且在于他的回答抓住了问题的要害。他要让他的"有限"融入大千世界的"无限"。他的"有限"和"无限"就像天与地的结合，就像白天与黑夜的结合，就像一幅光芒四射的太极图。

听见了吗？雷锋仿佛屹立在天地之间，面朝着朝阳和大海，和着涛声和浪花，向着我们朗诵：一滴水只有放进大海，才会永远不干涸……

我的思绪又回到了金融工程，又回到了金融工程哲学。我为什么要从事金融工程工作？我为什么要写金融工程哲学呢？我常常这样问自己。

我早已过了花甲之年，本来早就退休了，武汉大学又让我多干了五年。我把这五年称为"地平线上"，因为我觉得六十岁是一道地平线。这也是在勉励自己，给自己打气，还没老呢，太阳才刚刚从地平线上升起。但是，岁月不饶人，颈椎损了，眼睛花了，血压升高了，头发花白和稀疏了，牙齿坏了，记忆减退了。医生说，这叫作"退行性病变"。其实就是人老了。人们常说，年轻的时候要去写诗歌，中年的时候要去写散文，老年的时候要去写小说，那在"地平线上"呢，也许就该写一本《中国金融工程哲学笔记》吧。

写到这里，我又想起了毛泽东同志在那个时代的号召："向雷锋同志学习。"雷锋同志在对待"有与无"的哲学问题上，让自己平凡的生命融入伟大的事业，从"有限"走向"无限"。那么我呢？我们呢？到底应该怎么去生活和工作呢？

虽已踏入暮年，但我感觉自己还行走在"地平线上"，我常常告诉我的亲友们，我现在的精神状态叫"三不一大干"。"三不"是一不求财；二不求官；三不求换太太。"一大干"就是要趁自己现在还有一些余热，赶快去干一些自己高兴，也让大家不扫兴的事情。

我家太太听了，笑着说："我最欣赏'三不'中最后的'一不'。不过，我还是劝告您，不要'大干'了吧，慢一点，再慢一点，留着自己多干几年吧！"

叶永刚

2018 年 5 月 15 日

于珞珈山

再谈有无观

"成功学"要求我们学好"正套利空间图"。学好了，就可以"有所为"，就可以达到一个标准："干得漂亮"。

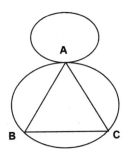

图 1-1　正套利空间图

"生命学"要求我们学好"负套利空间图"。学好了，就可以"有所不为"，就可以达到另外两个标准："活得长久，活得快乐"。

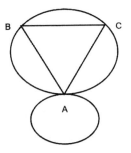

图 1-2　负套利空间图

培养目标要求我们成为"三好生"，就是要达到这"三个标准"。这就要求我们在教学和研究工作中做到运用好这两张图。

如何运用好这两张图？

其实，这两张图就是阴阳平衡的太极图，就像打太极拳一样，有进有退，刚柔相济。

切记既要无中生有，又要有中生无。

既要学好第一张图，又要学好第二张图！

叶永刚

2020 年 3 月 6 日

于武汉大学

再论有无观

我准备将中国金融工程哲学笔记的书名称为《无中生有》。

我还在想用金融工程套利图来展现这种分析，并且在全书中一以贯之。

今天我忽然想到了一个新的问题。金融工程除了"无中生有"还有什么？

前不久我在中国教育部的金融教学训练营上讲了一课，《金融工程方法论与课程体系分析》。讲到最后时，我认为还应该讲一讲金融工程的培养目标。

金融工程的培养目标是要培养金融工程师。我提出"两学"的概念，强调这种金融工程师应该学好"成功学""生命学"。我把这样的学生称为"三好生"，即达到三个标准："干得漂亮、活得长久、活得快乐"。其实也就是我们过去所说的"全面发展"。

但是"成功学"和"生命学"是有差别的。

"成功学"讲的是专业问题，就是我们的"无中生有"。它的指向是"有"。无是起点，有是终点。金融工程要研究如何从起点到终点。但是"生命学"完全不一样。其起点是"有"，其终点是"无"。其指向的是"无"。

它要我们研究如何从"有"到"无"。

这就是老子在《道德经》中所说的："为学日益，为道日损。"

用金融工程套利图来分析，它就是负套利空间图，而不是正套利空间图。

由此看来，金融工程不能只研究第一张图，还得要研究第二张图。还得将两张图结合起来研究啊！

只有这样，才能培养出真正意义上的金融工程人才！

写到这里，我又想到亚当·斯密写了一本书，《国富论》。也许，这本书就是要"无中生有"吧！但是，他又写了一本《道德情操论》。也许，他看到了第一本书的局限性吧。所以就写了第二本。这第二本会不会就是"从有到无"呢？

总想抽时间把这两本书结合起来看一看。一定要这样去做，要不然心里总是有些不踏实。

本来应该讲完两张图才能培养出一个合格的学生，结果讲完一张图，就告诉学生可以毕业了，已经合格了。这样的学生走出去怎么能行！

叶永刚

2020 年 3 月 6 日

于武汉大学

金融工程"三字经"

金融工程的哲学基础完全可以建立在中国传统哲学的方法论基础上。这种基础就是《易经》中的阴阳平衡分析法，就是老子《道德经》中的有无分析法。这种分析法与马克思主义的唯物辩证法从本质上来看是存在一致性的。

因此，从这个意义上讲，金融工程的出发点就是要解决有与无之间的关系问题，一言以蔽之，就是要无中生有，或者换一个角度来说，它就是一种无中生有的经济系统工程。用一句更通俗的话来讲，它就是要用抓工程的方法来抓金融，并使其经济创造出前所未有的高质效和发展速度。

但是，我们思维的脚步不应该停留在这里，还应该高唱着"妹妹你大胆地往前走"向前行进。再追问一句：金融工程怎样才能做到"无中生有"？

为了更好地帮助大家理解和记忆，回答非常简短，就是三个字：借、还、赚。我们将这三个字戏称为"三字经"。明白和记住了这三个字，就可以真正掌握金融工程的实质内容了。

首先来看第一个字：借。

我们都熟悉《三国演义》中草船借箭的故事。为了让大家印象更加深刻，我特别翻开这本书，抄录了一段让大家重温一下：

> 鲁肃应诺而去，回见周瑜，把上项事只得实说了。瑜大惊曰："此人决不可留！吾决意斩之！"肃劝曰："若杀孔明，却被曹操笑也。"瑜曰："吾自有公道斩之，教他死而无怨。"肃曰："何以公道斩之？"瑜曰："子敬休问，来日便见。"次日，聚众将于帐下，教请孔明议事。孔明欣然而至。坐定，瑜问孔明曰："即日将与曹军交战，水路交兵，当以何兵器为先？"孔明曰："大江之上，以弓箭为先。"瑜曰："先生之言，甚合愚意。但今军中正缺箭用，敢烦先生监造十万支箭，以为应敌之具。此系公事，先生幸勿推却。"孔明曰："都督见委，自当效劳。敢问十万支箭，何时要用？"瑜曰："十日之内，可完办否？"孔明曰："曹军即日将至，若候十日，必误大事。"瑜曰："先生料几日可完办？"孔明曰："只消三日，便可拜纳十万支箭。"瑜曰："军中无戏言。"孔明曰："怎敢戏都督！愿纳军令状：三日不办，甘当重罚。"

三日之内，要造十万支箭，谈何容易！

但是孔明硬是破了这个困局。他的办法就是家喻户晓的草船借箭。

这个故事可以给我们一个什么样的启示呢？孔明为什么能够急中生智、绝处逢生呢？

孔明在这里其实代表了中国人的非凡智慧。对于一般人来说，"巧妇难为无米之炊"。而孔明则不然，巧妇就是要为无米之炊。能"为无米之炊"，不就是能"无中生有"吗？

孔明在这里是在"借箭"，而我们呢，是要借钱。什么是"借钱"？金融就是"借钱"。顾名思义，金融就是资金融通，资金融通不就是借钱吗？借钱不就是无中生有吗？每一元钱用到实体经济，就可以产生一元钱带来的 GDP，借钱就创造了 GDP。创造了 GDP 就推动了经济发展，金融就非常态了。金融活就推动了经济活。

再来看第二个字：还。

也许，我们中有人会问：怎样才能"借"到钱呢？为什么别人能"借"到，偏偏我"借"不到呢？

别人能借到，那是别人还得起。还得起就能借得到，不是吗？人们常常爱说的一句口头禅就是"有借有还，再借不难"。这句话尽管直白，但它道出了一个深刻的道理，无中生有不能仅仅依靠一个"借"字，还必须加上第二个字："还"。"还"就是信用。金融经济学也是信用经济学。

为什么还要强调第三个字——赚呢？道理非常简单：没有赚，哪能还呢？

由此可见，只有赚，才能还；只有还，才能借；只有借，才能无中生有啊！

金融工程的这"三字经"，不就解决了哲学上的"无中生有"了吗？

如果大家紧接着还要追问我："叶教授，您能告诉我，怎样才能'还'呢？"那就"且听下回分解"吧！

叶永刚

2018 年 5 月 16 日

于珞珈山

四图论

——太极图、内经图、套利空间图与金融工程图

为了进一步理解《易经》，我最近找到一本《封神演义》，抽空翻阅。这部古代神魔小说写得非常好，以至于让我爱不释手。

在这部小说中，作者将太极图作为一种神器来描述，居然能千变万化、出神入化，敌人一旦碰上此图，马上就会不堪一击，甚至灰飞烟灭！《封神演义》中像这样魔幻式的写作比比皆是。除此之外，中国的《西游记》《聊斋志异》，也都是魔幻主义写作手法的经典。令我费解的是，为什么中国作家们却要认为魔幻主义是国外独有的东西呢？

魔幻背后其实是现实。魔幻背后如果没有现实，就一文不值了！魔幻其实是对现实的一种极度夸张。夸张得近乎荒唐，但是仔细一想，其实夸张的背后全是现实，甚至是真谛。

《封神演义》中对于太极图的夸张描写就是这种效果。不谈它的象征意义，它的本意是在告诉人们，如果你真的对于太极图有所领悟，你将会超凡脱俗，充满为人处世的大智慧！

太极图揭示的是一种辩证法，是一种揭示事物发展变化规律的本体论和方法论。从太极图到黑格尔的唯心辩证法，再到马克思的唯物辩证法。待太极图在世界上兜了一个大圈子之后，我们还得要让它回到它的本质和本真。

早上赖床的时候，想起了《封神演义》中的太极图描写，又想起了中国传统文化中的儒道佛三家，几乎最后都找到了气功这个健康法宝，但都不轻易外传。导致气功变得神秘兮兮的。

我又想起来另一幅图，即《内经图》。我是在一本讲解中医经络学的书中看到这幅图的。虽不知作者是谁，但它是道家的秘籍和瑰宝。这幅图，也没有几个人能够真正看懂。如果真看懂了，也是件非同小可的事情！

《内经图》是一幅道家修行者的练功图，它告诉人们如何打通任督二脉、

奇经八脉，形成小周天、大周天，是达到天人合一状态的方法论和指南。没有习练过气功或者没有通过习练而达到一定领悟程度的人，根本就不知此图所云。

如果说《太极图》提供了方法论，《内经图》则是《太极图》中的这种方法论在中医学和养生学中的具体应用。《内经图》中的这种状态也就是佛家所说的"三昧"之态，也就是儒家所说的"中庸之态"或"中和之态"。

有了这两幅图作为看家的本领，我们就可以来进一步思考金融工程哲学了。

伟大的哲学家老子，是深谙这两图的道理的。中国有三部伟大的著作，《易经》《黄帝内经》和《道德经》。中国人是不应该不读的，不仅要读，而且还应该当作福音书去读。这三本书，很少有人敢说自己全读懂了。每一本都很难做到全懂。但每一本书，每读一次，一定会有所悟、有所获，怕就怕读它们的时候心不诚、意不静。

《太极图》体现的是《易经》的精神实质，《内经图》体现的是《黄帝内经》的核心思想。而我自己想整出一幅《套利空间图》和一幅《宏观金融工程图》来体现这三本书中的基本内容和基本思想，特别是想体现老子在《道德经》中的基本思想。

《套利空间图》从外形上看由两个圆圈构成，从而形成中国人最喜欢的一个数字，即"8"。这也许就意味着这个图形与中国人喜欢的理财和经济管理有关系。

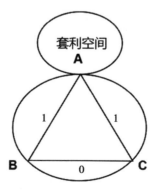

图 1-3　套利空间图

下圆中三角形的三条边可以标上三个数字。底边为"0"，另外的两条边可标上两个"1"。通过这个三角形，我想表达三层意思：其一，左边是从0到1，即从有到无；其二，右边的是从1到0，即从有到无；其三，形成的尖顶向上，是1大于0，即"有大于无"之意。正是这个三角形支撑起了上面的圆圈。上面这个圆圈就是我们后面所要详细探讨的"套利空间"。它所体现的是中国传统文化中的"无中生有"的思想和"有大于无"所形成的新价值。

说到这里，我们不妨来看一下老子在《道德经》中所说的一句话"道生一，一生二，二生三，三生万物"。上图就是想体现和刻画老子的"道"的哲学思想。

读懂这个图形，就明白了经济学、金融学和金融工程学的哲学理论基础。

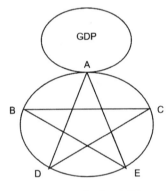

图1-4 金融工程图

将套利空间图中体现的中国哲学思想运用于中国经济金融实践，我就想到了可以用一幅宏观金融工程图，或金融工程图，或简称为金工图来刻画我们的基本思想。

金工图中，上下两个圆圈依然形成一个"8"。"套利空间图"的"8"，体现的是哲学与金融学的关系。下面的圆圈谈无中生有，是哲学问题；上面的圆圈谈"套利空间"，是金融问题。而金工图的圆圈体现的则是金融学与经济学的关系，这是宏观金融工程问题。

上面的圆圈代表GDP，GDP体现的就是套利空间，下面的圆圈代表的是金融，而五角星的五个角代表的是金融工程必须回答的五个最根本的问题。我们曾经戏称这五个问题为"叶氏五问"。"叶氏五问"来源于"哲学三问"

和"李翔三问"。

其实,"叶氏五问"也就是在回答"金工图"中的一个问题,即金融与经济的关系,或者换种说法,那就是要回答如何运用金融去驱动经济发展的问题。这就是"套利空间图"中所体现的"无中生有"问题。

"叶氏五问"如下:

1. A:钱是什么(本质)。

2. B:钱从哪里来(来源)。

3. C:钱往哪里去(运用)。

4. D:钱的风险如何控制(风控)。

5. E:钱的作用如何充分发挥(作用)。

将这五个问题回答清楚,中国金融工程哲学在中国经济与金融实践中的应用问题就可以找到一把"金钥匙",中国金融工程哲学问题就可以落地为金融与经济的关系。这就解释了,"经济与金融"的"$y=f(x)$"的关系。接下来,要解决的就是"$y=1+x$"的金融与经济的实践问题。中国金融工程哲学的基本思想就可以从理论到实践、从实践到理论,周而复始,不断地前行了。

叶永刚

2018 年 5 月 15 日

于珞珈山

四学论

何为"四学论"?

四学论者,哲学、经济学、金融学与金融工程学之间的关系论也!

先画一个图,然后再对这四者的关系展开分析。

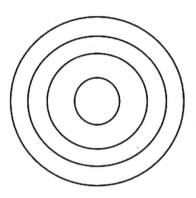

图 1-5　四学关系图

四学关系图由四个圆圈构成。这四个圆圈一层卷一层，就像一个"套娃"。

这个"套娃"最中间的圆圈代表哲学，第二个代表经济学，第三个代表金融学，第四个代表金融工程学。

我们先从第一个圆圈讲起。

讲第一个圆圈之前，回想一下："道生一，一生二，二生三，三生万物。"

第一个圆圈就是要谈"道生一"的问题。

"道生一"可以从三个层面来进行分析。一是从 0 到 1，就是从无到有之意；二是从 1 到 0，就是从有到无之意；三是有大于无，就是正能量要超过负能量之意。这里主要解决的是有与无的关系问题，而解决这个关系问题的目的，不仅是要"解释"，而且是要"改变"，也就是要使其无中生有。

再来讲第二个圆圈。第二个圆圈含着第一个圆圈，第二个圆圈代表经济学。经济学要研究资源的有效配置。哲学的"有与无"关系及其三个层面的含义如何在经济学中体现呢？

哲学的"有与无"体现在经济学中就是发展与稳定的关系问题。从无到有就是要通过增长来发展；从有到无就是经济风险，也就是稳定问题；有大于无就是要在发展中求稳定，在稳定中求发展，即稳中求进。

我们过去常常是讲发展就忘了稳定，或者讲稳定就忘了发展，其实这两种倾向都是错误的。我们永远都不应该"攻其一点，不及其余"，而是应该追求一种平衡发展的状态。

第三个圆圈代表金融学。金融学中体现着经济学和哲学。哲学中的"有与无"关系，在这里体现为金融创新和风险控制的关系问题。从无到有意味着金融创新，从有到无意味着金融风险，有大于无意味着金融创新和风险控制要"两手一起抓"，并且要在金融创新中控制风险。

如何体现金融与经济的关系呢？

习近平总书记指出："金融活，经济活；金融稳，经济稳。"这句话极其深刻地说明了金融和经济的关系。金融创新，就可以使金融活，从而使经济活；风险控制就可以使金融稳，从而使经济稳。在金融创新中控制风险，就可以做到稳中求进，从而使经济平衡而又稳健地发展。

第四个圆圈代表金融工程学。我们的金融工程学既要体现金融学又要体现经济学和哲学。正因为如此，所以我们的第四个圆圈包含第三、第二和第一个圆圈。这也许就意味着"道生一，一生二，二生三，三生万物"了。

对于金融工程学来说，从无到有就是要推动金融创新，从而发展经济；从有到无就是管理金融风险，从而稳定经济；有大于无就是要在管理金融风险的前提下通过金融创新来创造套利空间，从而推动经济稳中求进。

在这个"套娃"的每一个层面上，还有一个平衡点或者平衡线的问题需要作进一步的分析。

在第一个层面即哲学层面上，从无到有，这是一种"正能量"；而从有到无，则是一种"负能量"，我们学习和运用哲学的目的是要让正能量超过负能量。这就是一个正能量等于负能量的平衡点或者平衡线的问题，也就是有等于无的问题。我们从这一点出发，跨过平衡点或者平衡线，就是有大于无了。这就进入了一道新的风景线，也就是毛泽东同志在他的诗词中所说的"风景这边独好"。

在第二个层面即经济学层面上，有一个基本的分析方法叫作成本收益法。这个基本方法告诉我们，在发展经济的过程中，不仅生产的东西要比过去多一些，而且还要能够售卖出去；不仅要售卖出去，而且售卖之后，还得赚钱。这就是经济学的成本收益法。

成本等于收益，这就是平衡点或平衡线。超过这一点，也就是收益大于成本，这就是经济增长。超不过这一点，就是经济下行，甚至是经济危机。

我们的地方政府为什么会存在债务风险？

就是因为我们过去花钱不算账，或者说花钱没有好好地算账，更进一步地说，花钱不愿去算账。这样做的结果就是借钱后还不了钱，于是，这个"窟窿"就会越来越大了。这是一种"短期行为"所造成的经济后果。如果不加强控制，它们会严重地妨碍中国经济的长期发展。

在第三个层面，即金融学层面上，有一种分析方法叫作"无套利分析法"。无套利分析法也可以称为有套利分析法，因为按照这种理论，除开无套利，其他的领域全是套利空间。这一点体现的就是成本收益法，也就是资产的收益等于资金成本。资产收益超过了资金的成本就形成了我们后面所要分析的套利空间。

在第四个层面，即金融工程学层面。金融工程学所使用的最基本的分析方法仍然是无套利分析法，但是，它对这个方法作了更进一步的细化和补充。那就是在资产收益＝资金成本这个平衡关系式中，加进了风险溢价的分析，即资产收益＝资金成本+风险溢价。或者换句话来说，这里的资金成本包括了风险溢价部分。

这样就有了调整风险后的收益率，只有调整了风险后的收益率等于无风险利率才是金融工程中真正的平衡点或者平衡线。

金融工程只有突破了这一点，才是真正意义上的"套利空间"。这样我们就有了微观意义上的套利空间和宏观意义上的套利空间，微观经济资本管理体系和宏观经济资本管理体系，微观资产定价和宏观资产定价，微观金融经济学和宏观金融经济学，微观金融工程学和宏观金融工程学。

因此，这四个平衡点、这四个圆圈之间的关系就构成了标题中所要分析和解读的"四学"之间的关系。

这就是我要告诉大家的"四学论"。也许大家会感到这些东西有些枯燥、有些抽象、有些乏味但是没关系，因为我们这本书是写金融工程哲学的。哲学，就是一种抽象的、理性的东西，不要着急，慢慢地，我们就会从抽象到具体、从理性到感性、从一般到特殊了；慢慢地，我们就会找到味道了；慢慢地，我们就会津津有味了。

叶永刚

2018 年 5 月 16 日

于珞珈山

宏观金融工程与微观金融工程方法论

金融工程作为一门学科，首先要感谢美国人，是美国人最先提出了这个概念，并且将它发展成为一门学科。

但是，美国人带头做起来的金融工程是一种微观金融工程，它的研究对象主要是家户、企业、公司层面的金融创新与风险管理。

我们在学习以美国人马首是瞻的欧美金融工程的同时，并没有盲目照搬照抄。武汉大学的金融工程团队，在全国牵头做起来了金融工程专业，不仅是本科，还有硕士点和博士点。而且，最重要的，我们在世界上第一次提出了"宏观金融工程"的概念，其目的就是要创立宏观与微观统一的金融工程学。并且，让中国的金融工程学科为中国的改革开放保驾护航。

俗话说得好，说起来容易做起来难。从易到难需要一个过程，有时甚至需要一个漫长的过程。正因为如此，我们很长时间都被一个问题困扰着，宏观与微观金融工程一致性的方法论基础在哪里？

从中国的太极图出发，金融工程要解决有和无的关系问题，这也就是一阴一阳的平衡问题。金融工程就是要运用这种对立统一的辩证法思想来解决无中生有的问题，这是金融工程的内涵，那么外延呢？从外延来看，金融工程无疑可以划分为一般金融工程、微观金融工程和宏观金融工程。

一般金融工程是要在控制风险的前提下，通过金融创新来有效地配置资源。微观金融工程，它所服务和研究的对象主要在家户、企业和金融机构等微观经济主体层面。而宏观金融工程，它所服务和研究的对象则是政府，它是政府的"财务工程"。我们的政府过去只有"财政工程"，没有"财务工程"。财务工程包括"财政工程"，也包括"金融工程"，还包括"财政与金融联动工程"。微观金融工程是要培养出个人理财师、企业风险分析师、基金管理人、金融中介、做市商等顶尖高手。而宏观金融工程则是要培养出政府的"财务主管"，即政府的"大管家"。欧美的金融是微观金融，所以金融工程也是微观金融工程。我们的金融是"大金融"，即宏观与微观相统一，因此，我们的金融工程也应该是或者说只能是"大金融工程"，而不能像欧美把宏观金融和宏观金融工程的相关研究内容一概放进了经济范畴。

我们的金融工程应该在自己的旗帜上，写上这样几个醒目的大字：经济学走在哪里，金融学就走在哪里；金融学走在哪里，金融工程学就走在哪里！我们不仅要对我们的文化充满信心，同样要对我们的学科和学术充满信心。

说了这么多，还是在做表面文章，没有说到深层次的学术问题上，没有说到宏观金融工程与微观金融工程相一致的方法论基础上。

接下来讲一个如何解决宏观与微观金融工程在方法论上一致起来的故事。

2012 年春天，我们在湖北省开始示范县域金融工程。当年黄冈市的红安县委、县政府请我们给党政干部讲一堂如何运用县域金融工程推动黄冈经济发展的公开课。

我首先讲到了"金融工程"的概念，讲到了微观金融工程。为了让大家听明白，我避开在学校对学生上课的系统性和学科性的讲法，采用了"散文式"的形象思维方法。我没有讲"茶杯理论"，而是换了"红苕理论"。红苕就是红薯，是方言的名称。在我的老家大别山一带叫红苕。

我讲起了"红苕无套利分析法"。红苕是红安的特产。这个地方的红苕闻名全国，是地标性的产品。可以把生红苕切成片，放进果盘，像水果一样放到高档酒店的餐桌。因此，希望红安能够运用金融工程的方法，将这个产业做成"龙头产业"，并让"红安苕"这个品牌成为全国驰名商标，真正成为"天下第一苕"！

接下来，我从红安的天下第一苕讲到了红安的县域金融工程，讲到了县域金融工程的基本原理和实施内容。讲着讲着，我的脑海中忽然冒出了宏观金融工程方法论的问题。这个问题一直在我的脑海中闪现着，不肯消失。报告会后，我仍在思考着这个问题。

宏观金融工程与微观金融工程的方法论到底如何统一起来？

我又从"茶杯理论"想到了"红苕理论",想到了"红安理论""黄冈理论""湖北理论""中国理论"……

"茶杯理论"和"红苕理论"是一样的,都是在谈微观金融工程。茶杯和红苕既是一种产品,又是一种资产。这种资产的方法论是"资产定价"。

微观还涉及公司层面。公司有资产负债表,公司不也是一个"大资产"吗?"资产定价方法"不也可以运用在企业和银行这些"公司"上吗?

"茶杯"是资产,"红苕"是资产,"公司"是资产,"红安"不也是资产吗?"黄冈"不也是资产吗?"湖北"不也是资产吗?这些"政府"由于有了宏观资产负债表,就有了"宏观资产定价理论"。

宏观金融工程与微观金融工程的方法论不就这样统一起来了吗?困扰了我们很久的,带有实质性和根本性的学术问题,就这样在红安这片神奇的土地上一下子全都得到了解决,这是一个一通百通的学术问题。真是"踏破铁鞋无觅处,得来全不费工夫"!

叶永刚

2011 年 5 月 19 日

于珞珈山

从"两点论"到"三点论"再到"发展论"

中国传统哲学的根源在易经,在《太极图》,在"道"中。我们从"两点论"拓展到"金融工程套利图"中的"三点论"。可从"金融工程套利图"中进行分析。

第一点是 C 点,C 点是"下行点",或者称之为"负能量点"。第二点是 B 点,可称之为"上行点",或者称之为"正能量点"。这两点就是"太极图"中的"阴阳论",或者叫作"阴阳""两点论"。

现在除了 B 点和 C 点这两个"阴阳点"之外,还多出了一个 A 点,这就将"两点论"变成了"三点论"。

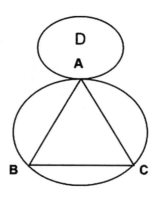

图 1-6　金融工程套利图

A 点是什么？A 点就是 B 等于 C 的"平衡点"，或者换一个说法，叫作正能量等于负能量的平衡点，也可以将这个点称为"阴阳平衡点"。

在经济学中，这个叫作"成本收益平衡点"，其基本的方法论是均衡分析加上成本收益分析。

在金融经济学中，这个叫作"无套利分析"。

在金融工程中，我们在经济学的成本和金融经济学的资产定价中加进了风险成本或者说风险溢价。这样，我们就可以在控制风险的前提下，提高资产收益率。

有了这个平衡点，就可以做到"一箭双雕"，一只"雕"是风险控制，另一只"雕"是金融创新。

A 点是出发点，但不是目的地。我们的目的地是"套利空间"，是要突破 A 点这条"封锁线"，形成"套利空间"。

如果说，C 点是负能量点，B 点是正能量点，A 点是正能量等于负能量的平衡点。那么，我们的"套利空间"则形成了第四点，即图中的 D 点，D 点就是"净正能量点"。有了这一点，就突破了 A 点这一封锁点或者这一封锁线！

D 点就是我们所说的"套利空间点"。从微观上讲，D 点就是利润；从宏观上讲，D 点就是 GDP，即国内生产总值。宏观的 GDP 就是微观的利润之和。GDP 就是"增长"，增长加上"生活质量"就是"发展"，就是我们所说的"经济发展"。

从这个意义上看，"四点论"就是"经济发展论"，"四点观"就是"发展观"。

如何在"四点观"的基础上突出"D点观"呢？

我觉得还有两个问题值得深入思考。一是如何控制风险，使其不出现-D，即不出现负套利空间。这是金融工程的"风险论"或者叫作"风控论"。二是在控制风险的前提下，通过"金融创新"，使其做大做强D点，即有力地促进"经济发展"，这就是金融工程的"创新论"，这不又回到"两点论"了吗？

是的，我们在讲四点论的同时，一定是以"三点论"作为基础的。我们在讲"三点论"时，一定是以"两点论"作为前提的。我们在讲"两点论"时一定不会忘记其出发点，即"太极"。"太极"就是哲学的本体论，就是佛，就是道，就是上帝，就是一切的一。

因此，我们转了一个大圈，又重新回到了起点，又重新回到了老子。又回到了老子的"道生一，一生二，二生三，三生万物"。我们今后需要花大力气来研究的便是"万物论"了。

"万物论"不就是我们的"发展论"吗？

叶永刚

2018 年 10 月 9 日

于珞珈山

中国金融工程哲学原理及其在现代经济发展中的运用

——2019 年 12 月 19 日上午，在哈尔滨商业大学学术报告会上的发言（摘要）

尊敬的各位领导、各位老师、各位同学们：

大家上午好。非常感谢姚风阁院长和大家给了我这次在这里学习和交流的机会。非常感谢姚院长和大家对我和宋凌峰老师、张培老师一行的盛情接待。昨天我们参观了大雪后的校园和歌剧院，在校园里我们参观了钱币博物馆。在那里，我们深受教育和启发。没想到，张新知老师带领着自己的团队，在货币史研究方面作出了那么巨大的贡献。在哈尔滨大剧院，我们看到了大自然的壮美与人文景观的辉煌相映生辉。

我这次向大家汇报的内容有四个部分：一、中国金融工程的诞生和发展。二、中国金融工程的哲学基础。三、中国经济金融主要指标。四、中国金融工程哲学原理在现代经济发展中的应用。

我今天在这里交流，希望大家不做笔记也能记住我所讲的主要内容，为此我调换一下发言顺序。我先讲全国与黑龙江省的主要经济指标，后讲中国金融工程的哲学原理，再讲这些哲学原理在中国经济发展中的应用。

根据全国和黑龙江省的主要经济指标，我们可以看出以下三个主要问题：

1. 中国经济面临下行压力。

2. 城乡差距显著。

3. 金融结构不合理。

在这些数字之外，我们还可以想到三个重要问题：

1. 政府债务风险。

2. 中小微企业融资难，融资贵。

3. 乡村振兴与扶贫金融创新不足。

针对以上这六个方面的问题，我们再来思考中国金融工程哲学原理。

首先来看三幅图，一是《太极图》，二是《内经图》，三是《金融工程套利图》。前面两幅图是中国文化的传承，后面这幅图是我的原创，是我将前面两张图的哲学原理运用到金融工程领域，自己思考后创作的图。

从《太极图》中，我们可以看到《易经》中的基本原理。从哲学层面看，《易经》和《太极图》是两分法，即辩证法；也是"三分法"，即天地人的"三结合"；也是系统论。

从《内经图》中，我们可以看到《易经》与太极原理在人体生命系统中的应用，《内经图》是一个人体剖面图，它讲述了如何打通任督二脉、奇经八脉在生命科学中的原理和练习方法。

从《金融工程套利图》中，我们可以看到如何运用前面的原理和方法来打通经济和金融的"任督二脉"和"天门"。

《金融工程套利图》主要揭示金融与经济的关系，我们在这里强调金融工程的"三条金规"。金融工程是要培养出金融工程师，金融工程师就像松花江上的渔民，大家几乎天天都可以看见"龙江第一村"前的那条渔船，我们的金融工程师是正站在这条船上撒网的渔民，渔网撒下去，必须抓到三条鱼：

1. 第一条鱼：风控。

2. 第二条鱼：创新。

3. 第三条鱼：盈利。

大家看到，我在《金融工程套利图》上标出了 A、B、C 三点。C 点就是风控点，B 点就是创新点，A 点就是盈利所要突破的平衡点。

金融工程这种"套利论"背后的哲学基础是"辩证论"。这种"辩证论"也有三个层面的内容：一、C 点为负能量。二、B 点为正能量。三、A 点为正负平衡的平衡点。平衡不是目的，只是一种条件。我们的目的是突破这种平衡，创造和发现净正能量。

我在发言时想到了大庆油田的王铁人，他的名言是："有条件要上，没有条件创造条件也要上。"因此，我们的"辩证论"也可以称为"条件论"，更准确一点说应该是"条件创造论"。

现在再来思考第三个问题，即中国金融工程的哲学原理如何在中国经济发展中应用的问题。

从一开始的经济金融指标分析中，我们可以看到，经济金融中面临"六大问题"，这"六大问题"也可以归纳为"三大问题"：

1. 金融风险问题。

2. 金融创新问题。

3. 经济发展问题。

大家仔细想一想，这三大问题不就是我们的 A、B、C 三点所要解决的问题吗？不就是我们所说的"三条鱼"的问题吗？

有了这种思维方式，我们就不会认为经济发展是一种常态了，就不会认为经济下行是一种合理现象了，就会在新的经济下有新的措施和作为了！

我在这里向大家介绍一下县域金融工程的情况，介绍一下我们在湖北倡导的"通山模式"。

2012 年，在湖北省省级贫困县通山县，我们开始示范金融工程。我们将在那里的做法称为"通山模式"。"通山模式"中最有效的有"三招"：一、企业股改；二、股权质押融资；三、政策性融资担保。

到目前为止，我们已经到过数百个县市，都运用到了这"三招"。政策性融资担保不就是 C 点吗？股权质押融资不就是 B 点吗？企业股改后发展了，不就是 A 点吗？通山模式其实充分地体现了"三条鱼"的基本思想和金融工程套利图的思想。

今天就讲到这里吧。谢谢大家的聆听！

叶永刚

2019 年 12 月 20 日

于珞珈山

金融工程哲学方法"八论"

——2020 年 12 月 20 日上午，在第十九届中国金融工程学年会暨全国高校金融工程专业骨干师资培训班上的发言（摘要）

尊敬的领导、各位老师、各位同学：

大家下午好！

感谢大家给了我又一次在这里与各位一起学习交流的机会。

我今天汇报的主要内容是关于金融工程这门课程的方法论，特别是哲学方法论。因为我认为一旦我们从哲学方法论上把握了这门课程的基本思想和课程体系，其他的问题也就可以迎刃而解了！

我们的讲解从金融工程套利图开始。

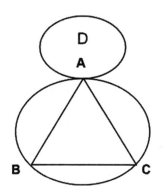

图1-7　金融工程套利图

1. 金融工程"一点论"

D点就是指上面的这个小椭圆形。我们称这个小椭圆形为金融工程的"目的论"，金融工程的目的就是创造价值。从微观来看，其目的就是利润；从宏观来看，其目的就是利润之和，即GDP。

2. 金融工程"两点论"

请大家注意。小椭圆形下面还有一个椭圆形。下面这个椭圆形可以称之为金融工程的"手段论"。从金融工程的定义来看，我们是要创造性地运用各种金融工具和策略，来解决金融财务问题。前者讲手段，后者讲目的。金融工程是要将"目的"与"手段"结合起来进行分析和研究，这就是我们的"两点论"。

3. 金融工程"三点论"

从"两点论"我们可以看到，我们的"目的"是"经济"，而我们的"手段"则是金融。金融工程就是要研究金融与经济的关系。仔细看金融工程套利图，在"金融"这个图形中，我们画上一个三角形，并在这个三角形上标记了A、B、C三个符号。

A、B、C这三个符号代表金融工程在运用金融去创造"经济"时所需要遵循的三个基本规则。我们称之为"三条金规"，也称为"三条金鱼"。正因为如此，我们也将这种思想称为"一手抓住三条鱼"的"三条鱼理论"。

第一条鱼：C点，叫作风控；

第二条鱼：B点，叫作创新；

第三条鱼：A点，叫作盈利。

这"三条鱼理论"是要解决金融工程在经济活动中面对的三个问题。

第一个问题：钱从哪里来？钱从B点来，即通过金融创新而来。

第二个问题：钱往哪里去？钱从A点去，即往盈利的地方去。

第三个问题：钱的风险如何控制？钱的风险，通过C点控制。

经济学和金融学只解决了A点的定价问题。A点是成本等于收益的理论价格。金融工程的脚步不能停留在这里，它要超越和突破A点，只有突破了A点，我们才能形成"目的"。由此可见，有很多自以为是在搞金融工程的人，其实搞来搞去还是在搞经济学和金融学，而不是在搞金融工程。别忘了搞金融工程需要"工程化"。工程化就是要"一手抓住三条鱼"，就是要控制C点，就是要创新B点，就是要突破A点。仅仅钻在A点里面出不来是不可能实现"工程化"的。这是科学思维方法和工程思维方法的重大区别。

A点是成本等于收益的平衡点，也是两者相互转化的"条件点"。讲到这里，我想起了大庆油田铁人王进喜的一句名言："有条件要上，没有条件创造条件也要上！"到目前我们所看到的"A点论"几乎都是"发现论"，即发现套利机会。而铁人王进喜却告诉我们，我们不仅可以"发现"，而且可以"创造"。

如何"创造"？对成本做"减法"，对收益做"加法"，不就可以让收益超过成本，不就可以"创造"出套利来了吗？这就是我们所强调的"突破A点"的工程化意义。

4. 金融工程"四点论"

"四点论"也称"板块论"，这是在讲金融工程的课程体系。我们将金融工程划分为"四大板块"。

第一板块：概论。我们在这里要讲清金融工程的基本概念和基本方法。特别是我们前面所讲的一点论、两点论和三点论等。

第二板块：工具论。我们主要将这些方法运用于金融工具。在工具层面，我们同样要"一手抓住三条鱼"，我们将这"三条鱼"称为"三位一体"。讲清了"三位一体"这句话，就讲清了金融工程在工具层面所有的奥妙。

哪"三位"？其实就是A、B、C三点。A点指定价，B点指积木分析法，C点指风险管理。这三点是联系在一起的。讲清了一个问题，也就讲清了另外两个问题。

A 点是讲定价,是在讲无套利分析。B 点是在讲积木分析,也就是在讲复制方法。工具就是资产,一旦某种工具可以用其他的工具或工具组合来复制,这种复制工具和被复制工具之间就有一种奇妙的关系了!两者如果有了差别,就有了套利机会。套利的结果必然是推动二者趋于一致,这不就是无套利分析的资产定价理论吗?这不就讲清楚了定价与积木分析之间的"二位一体"了吗?再来看第三位即 C 点。我们通过套利形成无套利价格,但我们是如何"套利"的呢?我们同时买进和卖出同一种资产,且是低价买进、高价卖出,这样就可以控制风险。这不就是"三位一体"了吗?要知道,这不仅仅是一种"理论",而且也是一种创造财富的奥妙和艺术呀!讲清楚了这一点,也就讲清楚了金融工程的魅力之所在。

第三板块:"公司论"。公司有一张会计报表叫作资产负债表。有了资产负债表,就可以对资产定价,就可以测算风险,提高收益率了。这不就是公司层面的"一手抓住三条鱼"的基本方法吗?"三点论"在这里同样发挥着巨大的作用。

第四板块:政府论。近些年来,我们有了宏观资产负债表这一重大的突破。有了宏观资产负债表就有了宏观风险溢价,就有了宏观经济资本管理体系。这不就是政府层面的"三点论"吗?

掌握了这四大板块以及运用基本的哲学方法贯穿这四大板块,掌握了整个金融工程课程的体系。

5. 金融工程系统论

"三条鱼理论"在解决工具、公司和政府层面的经济金融问题时,是要将这"三条鱼"做成"全鱼宴",做成"全鱼套餐"。这种"全鱼套餐"就是一个具体金融工程方案,或者叫作金融工程模式。

6. 金融工程"资产论"

金融工程的研究对象是什么?不就是金融资产吗?不就是要更有效地配置金融资产吗?不就是要对金融资产定价吗?不就是在定价中找出风险溢价吗?不就是在控制风险溢价的前提下去提高资产的收益率吗?这不就是"一手抓住三条鱼"的金融工程套利图的基本思想吗?

工具是资产。公司是资产。政府也是资产。

金融工程套利图+工具，这就解决了"工具三条鱼"问题。

金融工程套利图+公司，这就解决了"公司三条鱼"问题。

金融工程套利图+政府，这就解决了"政府三条鱼"问题。

7. 金融工程实践论

金融工程是科学思维和工程思维的统一运用，它必须解决"工程化问题"，也就是我们中国传统文化中所说的"知行合一"问题。

如何工程化？

在工具层面就是设计出既能风控又能盈利的创新产品和策略。

在公司层面就是要能够在控制风险的前提下盈利。

在政府层面就是要在控制系统性风险的前提下推动经济高质量发展。

说到底，就是要看我们这些金融工程师所设计出来的工具和方案是否能够解决实际问题。

8. 金融工程中心论

讲金融工程中心论，不仅要讲唯物辩证法，而且要讲历史唯物主义，更要讲以人民为中心这个问题，这是我们的立场观点和方法问题。

为什么我们培养的学生中间出现"精致利己主义"现象，就是在这个问题上没有让我们的学生们弄明白，我们有不少的老师也在这些问题上犯糊涂。

我有时问学生一个问题：你们说唐僧到西天去取经，到底是取什么经呀？很多同学都傻眼。其实，佛教有小乘和大乘之分，小乘是"独乐乐"，而大乘是"众乐乐"。唐僧到西天取经是要取"众乐乐"的大乘佛经。儒、道、佛三家是中国传统文化的主体。要提高民族文化的自信心就得让学生懂中国的传统文化。所以我们在教育学生学习哲学方法时不仅要教授西方哲学，而且要传授中国哲学，并且要在教学实践中灵活地运用这些方法提高学生的综合素质。

今天的演讲到此结束。再一次谢谢大家！

叶永刚

2020 年 12 月 20 日

于哈尔滨

金融工程套利图要旨及其在实施金融工程过程中的应用

从更一般的意义来看金融工程套利图。

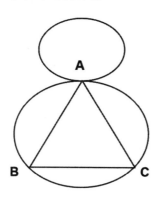

图 1-8 金融工程套利图

图 1-8 的表意如下：

1. C 点表示负能量；

2. B 点表示正能量；

3. A 点表示正能量平衡点；

4. A 点之上的圆圈表示净正能量，即正套利空间；

5. 与该圆圈相对应的还有净负能量，即负套利空间。

图 1-8 隐含的工程化要旨如下：

1. 控制 C 点；

2. 推动 B 点；

3. 突破 A 点；

4. 创造正套利空间；

5. 化解负套利空间。

图 1-8 隐含的金融工程要旨如下：

1. 控制金融风险；

2. 推动金融创新；

3. 创造经济效益；

4. 化解经营亏损。

我们如何在实施金融工程的过程中，运用这些基本原理和方法解决实际问题？

1. 制定实施方案；

2. 化解政府债务风险；

3. 金融机构创新；

4. 企业股改挂牌上市

5. 保险业金融工程；

6. 政府资源综合配置等措施。

其原理部分主要在回答 $Y=F(X)$ 的因果关系，而应用层面则是在实践 $Y=1+X$ 的工程化方法。

1代表一个方案，一个方案就可以用来解决面临的实际问题。

X代表几个措施。这些措施需要少而精，需要稳准狠，需要"一手抓住三条鱼"。

"三条鱼"抓住了，我们的金融工程应用就基本到位了！

叶永刚

2019 年 4 月 9 日

于珞珈山

金融工程套利图与县域金融工程 2.0 版

县域金融工程 2.0 版就是升级版，就是要在通山模式的基础上再上一层楼。

在黄冈、阳新、黄陂各地的推进过程中，我们又创建了"新三招"：

1. 股改企业可转债发行工程；

2. 地方政府债务风险化解工程；

3. 乡村振兴金融工程。

这"新三招"结合在通山模式中创造出来的"旧三招"，便构成了在新形势下推动县域经济发展最重要的金融工程创新。

这里的"新三招"同"旧三招"一样，可以在金融工程套利图中找到根据。

第一条"股改企业可转债发行工程"可以找到金融工程套利图中的 B 点；第二条"地方政府债务风险化解工程"可以找到 C 点；第三条"乡村振兴金融工程"则是 A、B 和 C 三点的综合运用。

叶永刚

2019 年 4 月 7 日

于珞珈山

套利空间论

我们在金融工程"三字经"中曾经提到，金融工程的哲学基础就是要做到"无中生有"，而"无中生有"就是要念好"三字经"，即"借、还、赚"。

如何才能"赚"呢？套利就可以"赚"！

套利是一个金融学术语。它指的是一种没有成本、没有风险而又能够赚钱的交易行为。套利分析法则是金融工程最为核心的理论方法。

以"茶杯理论"分析金融工程：

假定一个茶杯的现货价格为 1 元钱，远期价格为 1.2 元钱，资金市场上的年化利率为 10%。

对此提出三个问题：其一，在这里有没有空子可钻？其二，有多大的空子可钻？其三，如何钻这个空子？

学生们热烈地讨论后，我进行总结。

总结：其一，有空子可钻；其二，有10%的空子可钻；其三，利用套利的方法来钻空子。

如何运用套利的方法来钻空子呢？

首先做三件事：

1. 借1元钱，利率10%。

2. 买入一个茶杯，现货价格1元。

3. 同时做一个一年期的远期交易，远期价格锁定为1.2元。

一年后，远期到期时再做两件事：

1. 远期交割卖出茶杯，售价为1.2元。

2. 偿还本金和利息1.1元。

期初和期末，我们干这五件事的过程就是"套利"活动。"套利"活动的核心内容是：①资金借贷；②买入现货；③远期交易；④现货持有到期；⑤远期交割。

总结之后，可继续追问："套利"之后，我们得到了什么好处呢？这种好处是如何得到的？我请大家算了一笔账。

现货价格为1元，远期价格为1.2元，这个茶杯的买和卖让我们可以获得20%的收益率，用这个收益率减去10%的利息成本即得到金融学中所说的无风险利率，也就是10%的好处。

在此，涉及一个平衡点或平衡线，就是资产收益率＝资金成本，即10%的资产收益率＝10%的无风险收益率。

请大家千万不要小瞧这条平衡线。这条平衡线既是一道封锁线，也是一道生死线。掌握得好，就是一道生命线，可以死里逃生、绝处逢生；掌握得不好，很有可能一败涂地、难以复生！

在此案例中，超过这条平衡线的所得为10%，这10%就是套利所得，我们将这个所得称为"套利空间"。套利空间可以用相对数来表示，那就是10%。也可以用绝对数来表示，那就是用资产规模乘以这个相对数，在这里为8×10%＝0.8元。这个0.8元就是用绝对数来表示的套利空间。套利空间对于微观经济主体来说，就是利润；对于宏观经济主体来说就是国民收入，即我们通常所说的 GDP。

如果做进一步的分析，还可以将套利空间划分为"正套利空间"和"负套利空间"。

可依旧用"茶杯理论"进行讲解。

仍然假定：茶杯现货价格为 1 元，资金成本为年化利率 10%，一年的远期价格下降跌为 1 元。

如果我们"守株待兔"，像先前一样从事套利活动，获得的就不是收益，而是损失。这时就会损失 10% 的利息成本，我们将这种损失称为"负套利空间"。"正套利空间"和"负套利空间"之间的这条平衡线就是封锁线，而我们的目标和任务就是要突破这道封锁线，形成"正套利空间"。

在这里我们播种的是"龙种"，收获的却是"跳蚤"，即形成了"负套利空间"，"负套利空间"是损失，是实实在在的损失，怎么挽救？

老子有一说法"福兮祸所伏，祸兮福所倚"。我们的"福"倚在哪里呢？

若将套利交易活动的方向反过来，"祸"不就变成了"福"吗？"负套利空间"不就变成了"正套利空间"吗？

我们做以下几件事情即可。

1. 借入一个茶杯，卖掉；

2. 做一个远期交易，买入一个茶杯；

3. 将现货卖出茶杯的 1 元钱存放在银行，以赚取 10% 的利息。

在这里，我们的资产收益为零，但是利息收益却为 10%，净收益为 10%，这个 10% 不又成为"正套利空间"了吗？

正是因为"正套利空间"和"负套利空间"两者可以相互转换，所以我们不仅可以发现"套利空间"的正和负，而且可以创造套利空间。即使"负套利空间"转化为"正套利空间"，使"正套利空间"成为更大的"正套利空间"。

真可谓：奇哉！妙哉！

且慢，更为奇妙的，还在后面呢！

叶永刚

2018 年 5 月 17 日
于珞珈山

套利空间创造论

在这部书的"四图论"中，我们曾经告诉大家要高度重视《太极图》，此图在《易经》中后来演变为两仪、四象、八卦、六十四卦等。

《太极图》中所体现的阴阳平衡法，对于我们的"套利空间"分析具有十分重要的意义和作用。

《太极图》告诉我们，分析这个世界上的万事万物，不仅要运用"两分法"，而且还要熟悉"转化论"，因为阴阳两者在一定的条件下是可以相互转化的。套利空间包括正套利空间和负套利空间，这两个空间在一定的条件下也是可以互相转化的。

正因如此，我们在实施金融工程的过程中，不仅要发现套利空间，而且要创造套利空间。

什么叫作发现套利空间呢？

在前面的"茶杯理论"中，我们将茶杯当作一种资产，并且，将茶杯资产的收益率与其无风险利率再进行比较以确定平衡点或平衡线。

其实，"茶杯理论"具有很大的普遍性和代表性。它既代表茶杯资产，也代表所有资产。在微观层面我们可将产品和服务当作资产，也可将企业看作资产。当有了宏观资产负债表以后，我们也可将宏观经济的任何一个组成部分看作资产。

从"茶杯理论"中可以看出，对于任何一种资产，我们都可以考察其套利空间，看是处在平衡线还是处在平衡线上的正套利空间还是处在平衡线下的负套利空间，这就是我们的"套利空间发现论"。我们对于任何一种资产的"发现"无非是三种结果：平衡点、正套利空间或负套利空间。

几乎全世界的金融工程在做的工作都是发现套利空间，并且想方设法获取它们。我觉得仅仅这样做是不够的，有时甚至还会产生一些负面作用。

因此，我们不仅应该做一个"套利空间"的"发现论"者，而且应该做一个"套利空间"的"创造论"者和"转化论"者。我们的目的就是要将负套利空间转换成正套利空间，就是要让他们越过封锁线，就是要让正套利空间扩展成为更大的正套利空间。

这就是"套利空间创造论"！

叶永刚

2018 年 5 月 17 日

于珞珈山

套利空间"法宝论"

"法宝论"依旧要从套利空间图讲起。

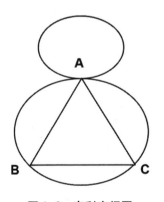

图 1-9　套利空间图

这个图形刻画了"套利空间创造论"的哲学基础。

其基本原理有三条：

1. B：从无到有；

2. C：从有到无；

3. A：有大于无。

其中，"有大于无"就是要越过"有等于无"的"封锁线"从而形成"套利空间"。

但是，这种图形毕竟只是一种抽象的哲学分析。如何将这种哲学分析深入金融工程分析呢？换一句话来讲，到底如何运用金融工程方法来创造套利空间呢？

回答就是"法宝论"，更具体地说，可以称之为"五大法宝论"。

1. 第一大法宝：加法

加法也可以称为资产质效法，即可以在任何一种资产中放进技术、人才和管理。资产的质效得以改善，收益率即可以提高。

还是回到"茶杯理论"，在茶杯中放进技术创新，让易碎的茶杯变成摔不破的茶杯，并且在茶杯上画一幅国画，配上一首唐诗或宋词。这个茶杯立刻就会身价大涨，一元钱的茶杯就可以卖出两元钱的价格了。收益率提高了，套利空间也就扩大了。

2. 第二大法宝：减法

也可以称为资产成本控制法。茶杯在市场上的售价为1元钱，可是每只茶杯的生产成本也是1元钱，茶杯企业根本没有钱赚。管理专家运用成本控制法将茶杯成本锁定为0.8元，然后分解到各个生产环节和各个部门。如果大家省下这0.2元钱，可以二一添作五，个人分配一半，企业获利一半。这种倒逼机制，使茶杯成本马上就可以降下来。

3. 第三大法宝：乘法

茶杯生产者使尽浑身解数，好不容易才将茶杯的收益率提高到了8%，但是银行的利息成本却需要10%，这2%的差额哪里来？

别忘了，除了市场这只"看不见的手"之外，还有一只"看得见的手"。这就是政府，政府将手中握有的资源给你配齐这个2%，问题不就全解决了吗？

为什么政府要给你补齐这2%呢？因为你的企业是当地的主导产业，你不仅上缴税收，而且带动了当地的就业，你给政府带来了"外部性"即外部收益，政府理应帮你一把。政府给你配齐这2%，你就撬动了金融市场的100%。

"无穷小"就这样撬动了"无穷大"。

政府资源的这种综合配置于是就提高和放大了你的收益率，我们姑且将这种方法称为乘法，这种方法在很多时候比加法和减法的作用要强大得多。

4. 第四大法宝：除法

除法也可以称为消除风险法。仍以"茶杯理论"为例。如果我们今天将茶杯生产的成本控制在 10 元钱，现在的售价为 15 元钱，那么预期收益率为 50%，相当可观。可是等到茶杯生产出来，拿到市场上去卖时市场价格可能已经下跌到 8 元钱了。不仅没有赚钱，而且还发生了亏损。能不能构建一个远期交易市场或者期货市场呢？

就像在"茶杯理论"的分析中所假定的那样，可以预先在市场上以锁定的价格，比如说 12 元卖出，这不就控制了市场价格波动的风险了吗？消除了风险，也就保证了预定的收益，降低了风险成本，也就是提高了资产收益，这也是在保证和扩大套利空间。

5. 第五大法宝：乘方法

前面的四大法宝，基本上可以使收益率超过资金成本，从而形成正套利空间。比如说资产收益率为 12%，而金融市场上的无风险利率只需 10%，想想看，这将是一种什么状况？不就可以打通所有的融资渠道了吗？套利空间不就可以呈几何级数增长了吗？要知道所有的资金供给者都巴不得寻找到这种机会！

有了这"五大法宝"，何愁套利空间创造不出来呢？

还是回到"套利空间图"，图形上的那个"套利空间"小脑袋一下就会膨胀为大脑袋了。"劲酒虽好，可别贪杯哟"，我又想起这句十分流行的广告词。

叶永刚

2018 年 5 月 17 日

于珞珈山

套利空间、李翔三问及叶氏五问

这些年来，在实施金融工程的过程中，我们逐渐地找到了套利空间、李翔三问及叶氏五问等说法。

套利空间、李翔三问及叶氏五问之间到底有没有关系？有什么样的关系？

不妨先来看套利空间，再看李翔三问和叶氏五问。

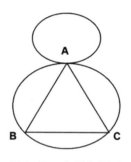

图 1-10　套利空间图

1. 套利空间

（1）钱与 P 和 GDP 的关系是什么？（P 为利润，GDP 为利润之和）；

（2）如何控制 C 点；

（3）如何创造 B 点；

（4）如何突破 A 点；

（5）如何扩大社会融资规模？

2. 李翔三问

（1）钱从哪里来？

（2）钱到哪里去？

（3）钱的风险如何控制？

3. 叶氏五问

（1）钱是什么？（钱的本质）

（2）钱从哪里来？（钱的来源）

（3）钱往哪里去？（钱的用途）

（4）钱的风险如何控制？（钱的风控）

（5）钱的作用如何发挥？（钱的作用）

套利空间与李翔三问的关系。

李翔三问之第一问：钱从哪里来？

套利空间之第一答：钱从 B 点来，即从正能量来，从创新而来，从突破 B 点而来。

李翔三问之第二问：钱往哪里去？

套利空间之第二答：钱往 A 点去，往能创造净正能量的地方去。

李翔三问之第三问：钱的风险如何控制？

套利空间之第三答：控制了 C 点，就是控制了风险。

套利空间与叶氏五问的关系。

叶氏五问之一：钱是什么？

套利空间回答之一：钱是一般等价物。它要处理好社会融资规模与净正能量之间的关系，即与正套利空间之间的关系。

叶氏五问之二：回答与李翔三问之一相同。

叶氏五问之三：回答与李翔三问之二相同。

叶氏五问之四：回答与李翔三问之三相同。

叶氏五问之五：如何充分发挥钱的作用？

套利空间回答之五："一手抓住三条鱼"，即控制 C 点、创造 B 点、突破 A 点。抓住了这三条鱼，就扩大了社会融资规模。不妨将这"三条鱼"戏称为"金融工程三条鱼"或"三条金鱼"。

叶永刚

2019 年 6 月 12 日

于杭州

金融工程的动力在哪里

金融工程是用金融去驱动个人或组织或社会实现其经济目标的系统工程。

该系统工程最核心的内容是要解决目的与手段的关系。目的是要创造财富，手段是要运用金融思维和使用金融工具。

我们将这种实现目的的手段称为"一手要抓三条鱼"，即 A、B、C 三点。

但是在这 A、B、C 三点中，如果要找出最关键的一点作为金融工程的突破口，那么应该是哪一点呢？

想来想去，还是 B 点。B 点是创新，唯有创新才是金融工程的动力！

创新就是要找到解决问题的关键所在，就是要找到解决问题的"金钥匙"，就是要找到别具一格甚至是出其不意的"杀手锏"。

我们最近准备做长江新城的金融工程，最重要的突破口在哪里？

我们找到了一种称之为"长江新城金融工程模式"的东西。最简单的表述方式就是"资产倍增+信用评级+并购混改+资债互动"，我们将这种模式称为"四板斧"。其实这里所指的不仅是"四板斧"，还包括"四板斧"的综合运用和协同创新。

有了这"四板斧"，就有了长江新城金融工程的"模式"，就能解决长江新城发展所需要的资金问题了！

长江新城金融工程模式将成为我们在金融工程领域绽放的一朵鲜花。

叶永刚

2020 年 7 月 11 日

于珞珈山

金融工程哲学方法论与宏观金融风险管理

从 2002 年春天在武汉大学珞珈山召开第一次中国金融工程学科建设与发展论坛到目前为止，中国金融工程学科已经走过近 20 年的历程。这门学科经历了从无到有、从小到大，目前正从大到强蓬勃发展着。在此过程中，金融工程理论工作和实际工作对此学科的发展及其在中国经济建设实践中的应用进行着不懈的研究和探索，并且取得了一系列丰硕的成果。但是这些研究和探索更多地局限于对金融工程学科的研究，而缺少对金融工程学科与其他学科之间关系的研究，在对金融工程学科与其他学科之间关系的研究中，又主要着眼于经济学、金融学、管理学、数学和计算机科学等学科之间的研究，而缺少对金融工程与哲学方法之间的研究。在金融工程与哲学方法之间关系的研究中，缺少对中国哲学的探讨。我们希望能够在哲学方法与金融工程学科建设与发展的关系中作出一些初步的设想和探讨，以便和大家进行这方面的一些交流和切磋。

一、哲学方法论在金融工程中的指导意义

在马克思主义哲学方法论中讲得较多的是唯物辩证法和历史唯物主义，而在西方哲学课程中讲得较多的是三大基本问题：①我是谁？②我从哪里来？③我到哪里去？或者简单一点说，就是"是什么""从哪里来"和"到哪里去"这三大问题。

在经济学方法论中，主要讲两种最基本的方法：①均衡分析；②成本收益分析。在金融经济学中，侧重讲无套利分析。在管理学中，主要讲目标与控制等内容。

这些哲学方法、经济学方法、金融学方法和管理学方法如何在金融工程这门综合性的学科中有机地结合起来运用呢？

从马克思哲学方法来说，唯物辩证法的运用应贯穿于金融工程的始终。

金融工程目标与手段的关系、金融与经济的关系、系统性风险管理等内容都需要我们坚持唯物辩证法。历史唯物主义则会要求我们自觉地坚持以人民为中心的基本原则，坚持不忘初心、牢记使命的根本宗旨。

从西方哲学中的三大问题来看，它要求我们在金融工程中回答钱是什么、钱从哪里来和钱往哪里去这三个与经济金融领域密切相关的问题。

从经济学来看，均衡分析要求我们不仅要解决金融工程中的资金供给，而且要解决资金需求，供给和需求两侧要一起抓。成本收益分析要求我们不仅要做到供求平衡，而且要求我们要有高质效，要有经济效益。

从管理学来看，我们不仅要确定经济金融发展目标，而且要让这些目标实现，简单地说，就是管理学中的目标加控制。

在这里还要强调的是除了以上这些方法在金融工程中的应用之外，我们不能忽视中国哲学在金融工程中的指导地位和作用。这个问题长期以来没有得到应有的重视。中国哲学的源头是易经文化，后来演化为儒、道、佛三家的各种思想和学说，这些东西不仅是中国文化的精神财富，而且是全人类和全世界的文化遗产。如中国哲学中的阴阳平衡学说和阳举阴随思想等都值得我们在金融工程教学科研和社会服务中自觉地去践行。

关于哲学方法论、经济学方法论、金融学方法论、管理学方法论在金融工程学的应用中，我们应该努力做到有机结合并且一以贯之，以其体现在金融工程学科建设中的文化自信和制度自信，培养出具有中国社会主义特色的综合性专门人才，并且在中国金融风险特别是在宏观金融风险管理中充分发挥自己的作用。

二、哲学方法论与金融工程套利图

哲学方法论与金融工程及其他相关学科的一致性与综合性可以通过如下图示来进行分析。我们将这种图形称为金融工程套利图，或简称金工图。

该图形由两个图形构成。上圆代表经济，下圆代表金融。下圆中 ABC 三个点代表金融的三个要素。

我们主要通过这个图形来分析哲学方法与金融工程之间的关系，进而分析哲学方法与宏观金融风险管理的关系。

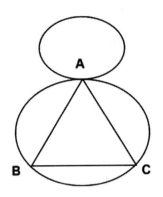

图 1-11　金融工程套利图

1. 金融工程"一点论"

我们用金融工程套利图中的上圆表示金融工程的"目的论"。金融工程的目的就要解决金融财务问题。从哲学层面讲，我们强调天行健，君子以自强不息，要有正能量，要以人民为中心，要满足人民的物质文化需求和对美好生活的向往。从微观经济来说，要有利润；从宏观经济来讲，要有 GDP。GDP 即利润之和。

2. 金融工程"两点论"

从金融工程的基本概念来看，它是要运用金融来表达经济目的的。金融是手段，经济是目的，二者是目的和手段的统一。通过两个圆形之间的关系，揭示出二者对立统一、阴阳平衡的关系。

3. 金融工程"三点论"

"三点论"通过下圆中的 ABC 三点来揭示。A 点就是定价点。A 点体现的不仅是对立统一的"两分法"，并且是"条件论"，是阴阳平衡的"平衡论"。对立的双方是互相转化的，但是转化的条件到底是什么呢？在经济学中，它是供求平衡点和损益两平点；在金融经济学中，它是无套利分析的理论价格；在金融工程中，它是考虑了风险溢价的无套利价格。但是，金融工程与金融经济学的不同之处不仅在于它对资产定价的风险溢价的研究，而且在于对调整了风险后的盈利研究，这就表明金融工程不仅要找到 A 点，而且要突破 A 点，形成 A 点之上的那个上圆，我们可以将这个上圆称为套利空间。

B 点是第二个金融要素，即金融创新。金融创新即是工具的创新，也是流程再选和方案制定的创新。这种创新就是通过各种金融要素的排列和组合来有效增强易经八卦所提供的阴阳元素的排列组合方法，可以为我们的金融创新开辟出一条无比宽广的道路。

C 点就是风控点，即风险控制点。金融创新和风险控制是一个问题的两个方面，它们是对立统一的。金融创新必须以风险控制为前提。具体地讲，金融工程就是要研究风险溢价。风险溢价必须在定价时进行成本分析，成为风险成本。只有剔除了风险成本的收益，才是真正的收益。

B 点和 C 点是可以相互转化的，即收益和成本可以在一定的条件下相互转化。其转化的条件就是 A 点。B 点等于 C 点就是均衡，就是阴阳平衡，就是损益两平的理论价格。B 点大于 C 点，就是净收益，就是利润，就是 GDP，就是正套利空间。反之，B 点小于 C 点，就是净损失，就是亏损，就是经济负增长，就是负套利空间。

金融工程的目的，用金融工程套利图来说，就是要控制 C 点、创新 B 点、突破 A 点，形成和扩大正套利空间，减少和消除负套利空间。

4. 金融工程系统论

金融工程哲学方法从"一点论"到"两点论"再到"三点论"，它所要体现的是现代哲学中的系统论思想。这不仅是管理学中的控制论思想，也是老子在道德经中的哲学思想，老子说过，"道生一，一生二，二生三，三生万物"。中国的易经八卦思想也是这样的。太极生两仪，两仪生四象，四象生八卦，八八六十四卦，最后一卦是未济卦。这不仅是辩证法，而且是系统论，并且是开放论。

从对金融工程套利图的分析，我们可以看到，金融工程哲学方法要求我们：从一点论看，要形成正套利空间，而不是负套利空间；从两点论看，要用金融去推动经济高质量发展；从三点论看，我们要"一手抓住三条鱼"：盈利、创新和风控；从系统论看，我们要运用这些理论和方法形成具有针对性和操作性的实施方案。金融工程不仅需要科学思维方法，而且需要甚至是更为需要工程化思维方法。但是，现在普遍存在的一个问题是很多人都只是在科学思维的范围中兜圈子，将金融工程误认为是金融经济学或者金融学。

三、金融工程套利图与宏观金融风险管理

从金融工程套利图可以看出，金融风险管理即我们所强调的"一手抓住三条鱼"中的一个十分重要的组成部分，而且与第一条"鱼"和第二条"鱼"有着密不可分的关系。从金融工程套利图来看，风险所体现的是成本，而创新所体现的则是收益，因此，并不一定是风险控制的成本投入越多越好，而是要与收益联系起来，将风险控制与创新一起抓。切记，没有风控的创新是危险的创新，没有创新的风控往往是失败的风控。

金融工程套利图所分析的对象是金融资产。金融资产有微观资产和宏观资产之分。因此，对于金融风险的管理也就有了微观金融风险管理和宏观金融风险管理之分。微观金融风险管理所涉及的分析对象主要是农户、企业、金融机构，而宏观金融风险管理所涉及的主要是政府。无论是微观金融风险管理还是宏观金融风险管理，按照金融工程套利图的分析，我们都要做到"一手抓三条鱼"。

就宏观金融风险管理来看，"一手抓三条鱼"就是要解决政府在经济建设中面临的三个实际问题：一是钱从哪里来，二是钱往哪里去，三是钱的风险如何控制。这三个问题的解决其实与 ABC 三点是紧密联系的。第一个问题的回答，钱可以从 B 点来，即通过金融创新来融资。第二个问题的回答：钱可以到 A 点去，即到盈利的企业和产业去。第三个问题的回答，即钱的风险可以通过 C 点控制。C 点就是要解决金融风险的识别、测度和控制。

在这里值得强调的是，所谓的"钱"就是金融的俗称，而不是严格的学术概念。我们说"钱"而不说"金融"是为了与经济金融实践联系起来分析，让人们更容易理解和接受。

四、金融工程哲学方法与宏观金融风险管理的系统性问题

从金融工程套利图可以看出，无论是微观金融风险管理还是宏观金融风险管理，都离不开系统性的方法论。

金融风险所造成的损失无非就是管理者非但没有形成正套利空间，而且造成负套利空间。

我们来看以下两个套利图形。

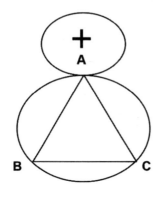

图1-12　正套利空间图

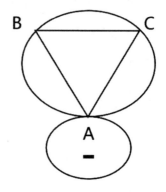

图1-13　负套利空间图

在这里"+"号是代表正套利空间，"-"号是代表负套利空间。在正套利空间的情形下，B的创新收益超过了B点的风控成本，所以可以突破A点，形成净收益。反之，在负套利空间的情形下，B点不仅没有超过C点，而且还可能小于C点，因此造成了净成本。

由图1-13可以看出，造成负套利空间的原因并非只有风控因素本身，它与整个经营环境是密切相关的，因此它具有极强的系统性。风险的成因具有系统性，那么风险的管理和应对措施也应具有系统性，而不应采用是现在普遍存在的"头痛医头，脚痛医脚"的片面性管理办法。

全面而系统的宏观金融风险管理要求我们正确地处理好以下六种辩证关系。

1. 宏观和微观的关系

宏观金融风险管理应该微观化。如何微观化？通过运用宏观资产负债表来微观化。有了宏观资产负债表就有了宏观资产定价方法。宏观资产定价就和微观资产定价达到了一致。有了宏观资产定价就有了宏观经济资本管理体系，也就有了宏观经济战略管理体系。这样，宏观经济就可以像微观经济一样工程化了。

2. 存量和流量的关系

目前，经济学还没有形成经济工程学的又一个原因是在经济统计指标的运用上只有流量指标而没有存量指标，更没有将这两种指标综合运用。

一旦有了宏观资产负债表，就有了宏观资产的指标。金融工程可以将资源资产化、资产证券化。有了这"两化"，就可以将宏观资产变成社会融资规模，每一元钱的融资规模便可以创造相应的 GDP。资产是存量，而 GDP 是质量。这样，存量就变成流量；资源资产化的过程，就变成了经济增量的速度。

3. 资产和负债的关系

资产和负债是可以相互推动和促进的。我们可以将这种相互推动和促进的作用称为"资产负债互动论"。通过负债，可以扩大资产，而资产的扩大可以进一步提升市场主体的信用评级，信用评级的提升反过来又可以扩大融资规模并且降低融资成本。

4. 政府和市场的关系

宏观资产负债表一般按四部门进行编制。这四部门是公共部门、金融部门、企业部门、家户部门。在这四部门中，公共部门代表政府，而其他部门代表市场。

宏观金融风险的管理涉及四个部门的协同创新，尽管宏观金融风险主要表现为政府的风险，即公共部门的风险，但是风险的形成和化解都与代表市场的三个部门有极大的关系。如果能够用公共部门去促进金融部门，用金融部门去支持企业部门，用企业部门去帮扶家户部门，我们就盘活了宏观金融风险管理这一盘棋。

5. 国企和民营的关系

宏观金融风险的管理最终需要依靠企业和产业的发展为其提供充足的能源。但是产业的发展，仅凭国资企业的力量是远远不够的。因此，在企业部门中，要正确处理国企与民营的关系，使二者相互补充、相互支持、相互促进。

这种共同发展的有效途径就是实施国资企业与民营企业之间的混改。一旦二者之间的无形障碍消除，中国经济的发展就可以迈上一个新的台阶，宏观金融风险管理就可以得到根本性的改善。

6. 稳与进的关系

对于国家经济建设来说，宏观金融风险管理只是手段，而不是目的。因此，稳与进便形成金融工程哲学方法中的又一对矛盾关系。

稳就是宏观金融风险管理，就是要守住不发生系统性金融风险的底线。什么是其底线？从金融工程套利图来看，底线就是 A 点，守住了 A 点就不会形成负套利空间。负套利空间就是亏损，就是负经济增长，就是显性风险和隐性风险。

然而，仅仅守住底线是不够的。只是守住底线就没有利润，也就没有经济增长，更化解不了当前政府的隐性风险，所以必须稳中求进。什么是进？从金融工程套利图来看，突破 A 点，形成正套利空间。有了正套利空间，就有了利润，也就有了 GDP，亦有了 GDP 的正增长而不是负增长，即经济上行而不是下行。

以上这六种关系显然不能代表目前宏观金融风险管理中存在的全部问题，但一定可以代表其主要问题，一旦抓住了这些主要矛盾或矛盾的主要方面，其系统性的宏观金融风险管理的许多问题就可以迎刃而解了。

五、金融工程哲学方法在乡村振兴金融风险管理中的应用

宏观金融风险管理指的是政府金融风险管理问题。对于中国来说，主要有地方政府和中央政府。地方政府又分为乡镇、县域、市域和省域。

首先来分析乡镇一级的宏观金融风险管理。乡镇一级的宏观金融风险管理是可以通过金融工程来实施的。它的目的就是要完成从乡村扶贫攻坚向乡村振兴的战略转变，从而实现乡村经济的高质量发展。从金融工程套利图来看，就是要在乡镇这一行政层面"一手抓住三条鱼"，即控制 C 点、创新 B 点和突破 A 点。用经济学语言来讲就是要解决钱从哪里来、钱往哪里去和钱的风险如何控制这三个问题。

钱从哪里来。金融工程有一个基本思想叫作"资源资产化、资产资金化"。乡镇有各种有效经济资源和各种闲置资源。如果在乡镇发挥国资企业的主导作用，将这些资源资产化以形成国资运营公司，并通过国资运营公司与乡镇民营企业混改等方式，做大做强国资企业，乡村振兴的资金来源问题就可以从根本上得以解决了。

钱往哪里去。钱可以而且应该往乡村产业发展上去。产业发展其实就是企业发展。过去在扶贫攻坚战略的实施过程中，侧重扶持农户，并且主要采

用财政手段。而现在到了乡村振兴战略实施阶段，战略目标要放在企业发展上，要通过企业发展带动农户致富。而企业的发展离不开金融的支持，金融的支持又离不开政府的推动和协助。这就要通过协同创新促进农业产业化。

钱的风险如何控制的问题。农村的产业化就是企业化。农村的企业大都是民营企业，而这些民营企业都是中小微企业。这些企业的发展是离不开政府的扶持政策的。这种扶持政策中的一个重要选择就是政策性融资担保体系，即在每一个乡镇设立政策性融资担保体系为乡村企业的融资增信。还可以将这种担保体系与保险中的商业信用保险和民间互助保险结合起来，形成一个有机整体。

有了以上三个方面的主要措施，即乡村资产运营管理、乡村企业发展和担保体系，乡镇一级的宏观风险管理就可以落到实处了。

六、金融工程哲学方法在县域金融风险管理中的应用

"郡县治，天下安。"正是因为县域经济在中国经济发展中的金融工程方法在金融风险管理中的应用是通过县域金融工程的实施来实现的。

同样，我们在县域金融工程的实施过程中，也要做到像金融工程套利图所要求的那样，"一手抓住三条鱼"，并且解决 ABC 三大问题。

（1）如何解决钱从哪里来的问题。我们的回答是钱从政府来，即钱从政府的国资企业来。因为只有政府的国资企业有可能将全社会的生产资料和各种经济资源资产化并资金化。我们过去对此认识不足，没有看到这是制度优势，没有很好地发挥这种制度优势，而且在国资企业的改革上走得太慢。只要扩张了国资企业的资产规模，就可以提高其信用评级；只要提高了信用评级，就可以扩大社会融资规模，就解决了钱从哪里来的问题。

（2）如何解决钱往哪里去的问题。我们的回答是钱往主导产业去。企业是产业的核心，钱要往企业去。往企业去就得要求企业有消化这些资金的能力。企业对资金的需求是有效需求，而不只是名义上的需求。因此，在县域经济发展中，我们实现企业股改。企业只有实行股改，才有可能成为真正意义上的现代化企业，才有可能进一步走上多层次资本市场的道路，才有可能提供足够的税源去偿还政府融资的本金和利息，从而真正解决宏观金融风险

问题。

（3）如何解决钱的风险如何控制的问题。我们的回答是建立政策性融资担保体系。县级政府可以设立县级融资担保基金，并与省市担保基金及乡镇担保基金联动。有了担保体系、保险体系和企业股权质押融资体系的综合运用，企业融资难、融资贵的问题就可以得到有效解决了。企业就有足够的实力去带动农户致富，就可以推动乡村振兴战略的实现了。

以上这三个问题，一旦通过国资企业资产规模扩张、企业股改和担保体系等措施得到解决，中国县域的宏观金融风险管理问题也就可以从根本上得到解决了。解决了县域风险管理和经济发展问题，中国经济就可以从二元经济走向一元经济，中国就可以从发展中国家真正成为发达国家了。

七、金融工程哲学方法在市域金融风险管理中的应用

中国的市域经济是处在县域经济和省域经济之间的构成部分。市域经济主要由国资企业、产业园区和区县经济这三大部分构成。解决了这三大部分的问题也就解决了市域经济的问题。

金融工程哲学方法在市域金融风险管理中的应用是通过市域金融工程来实现的。按照金融工程套利图，我们仍然要求市域金融工程解决三大问题。

（1）如何解决钱从哪里来的问题。我们的回答是：国资企业金融创新。国资企业创新最重要的举措就是扩大资产规模。扩大资产规模就是扩大融资规模，这不就解决融资来源问题了吗？

（2）如何解决钱往哪里去的问题。我们的回答是：钱往园区产业和区县产业去。这就是产融结合的问题，就是发展市域和县域的主导产业和特色产业的问题，就是用金融创新推动产业转型升级的问题。

（3）如何解决钱的风险如何控制的问题。我们的回答是：融资担保体系建设。市级政府不仅要设立政策性融资担保基金，而且要与各级政府的担保基金实行联动，从而扩大企业的融资能力，使企业摆脱融资困境。

有了国资企业的园区和县域金融工程的创新，市域经济发展的三大问题就可以解决了，金融工程哲学方法在宏观金融风险管理中的运用就可以取得显著成效了。

八、金融工程哲学方法在省域金融风险管理中的应用

省域经济主要由市域经济（包括县域经济）、省级产业园和省级国资企业构成。抓住这三个组成部分的宏观金融风险管理，也就促进了省域经济的发展。

金融工程在省域宏观风险管理中的应用可以通过实施省域金融工程来实现。按照金融工程套利图的要求，省域金融工程也要解决 ABC 三大问题。

（1）钱从哪里来。钱可以从省域国资企业来。省域国资企业可以实施国资企业金融工程。通过实施国资企业金融工程，运用金融创新工具，实行国资规模扩张，扩大社会融资规模。

（2）钱往哪里去。钱往园区产业去，往各地主导产业去。省级政府可以统一规划，要求市、县实施金融工程行动计划。

（3）钱的风险如何控制。省级政府可以设立省级政策性担保基金，并与各级担保体系联动，并可以与保险工具和企业创新工具综合运用，提高担保体系对于企业和产业的支持力度，从而促进省域经济发展。

国资企业金融工程，园区金融工程和市、县金融工程综合运用，ABC 三大问题就可以从根本上得到解决，省域金融风险管理的问题也就解决了。

九、金融工程哲学方法在中国宏观金融风险管理中的应用

金融工程哲学方法在中国宏观金融风险管理中的应用就是要求我们运用金融工程的原理和方法去解决中国经济在新的历史时期的高质量发展问题。这就是我们的宏观金融工程所要研究的主要问题。

在宏观金融工程领域，如何按照金融工程套利图解决中国经济面临的ABC 问题呢？

第一，钱从哪里来。我们很有可能会说，国家印钞不就解决了钱从哪里来的问题了吗？是的，国家可以印钞。但是，别忘了，货币的供给与需求是联系在一起的，而且，这种需求应是有效需求。否则，就是通货膨胀。我们同样可以通过国家至上而下的国企改革来实行国企的金融创新，从而使国企能让其货币发行落实到实体经济的实处。这就是我们的国资企业金融工程所要实现的目标。因此，在国企三年行动计划中，我们必须实施资产规模扩张

计划，使其资源资产化、资产资金化。

第二，钱往哪里去。我们必须将金融规划与产业规划结合起来，实现产融深度结合。产业规划的实现如果没有金融规划的配套，这种规划是很难落实的，而这种配套就是产业金融工程。产业金融工程和区域金融工程就可以解决钱往哪里去的问题。

第三，钱的风险如何控制。在国家层面，同样可以构建强有力的政策性融资担保体系。而且这种担保体系可以与保险体系结合起来，从上至下，实现纵向联动和横向联动。除此之外，可以通过进一步完善中央和地方宏观资产负债表的编制和运用，来解决系统性金融风险管理问题。

有了宏观资产负债表体系，有了融资担保体系，有了产业金融工程和区域金融工程，有了国资企业金融工程，中国经济的发展，就可以在守住系统性风险底线即不出现资不抵债问题的前提下，实现产业发展目标、区域发展目标，从而实现经济发展目标。

综上所述，就可以得出以下的结论了。金融工程哲学方法在中国宏观金融风险管理中的应用是通过金融工程套利图的运用来体现的。金融工程套利图综合了马克思主义哲学、现代西方哲学和中国哲学的基本思想观点和方法，强调了"一点论""两点论"和"三点论"综合运用的系统论思维方法，提出了"一手抓住三条鱼"的金融工程原则，从而为金融工程实施方案的制定提供了坚实的理论依据。

有了金融工程哲学方法的指导，有了"三条鱼理论"的基本原则，无论是面对乡村振兴、县域经济、市域经济、省域经济还是国家层面的经济，都可以从钱从哪里来、钱往哪里去和钱的风险如何控制这三大基本问题出发，理论联系实际，制定出切实可行的金融工程实施方案，从而从根本上控制宏观金融风险，稳中求进，实现中国经济的高质量发展，实现中国经济在全球经济中真正崛起和腾飞。

叶永刚

2021 年 2 月 12 日

于武昌珞珈山

第二章 金融工程套利图

金融工程方法论的一致性与金融工程套利图

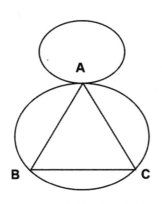

图 2-1　金融工程套利图

　　金融工程的研究对象是金融资产。金融工程最重要的研究方法是资产定价方法及无套利分析法。

　　无套利分析并非是孤立的。在金融工程的研究过程中，它是与积木分析法和路径分析法综合运用的。

　　金融工程套利图首先是一种哲学思维方法。B 和 C 形成了对立统一的两个方面，而 A 点则是转化的条件。从哲学意义上讲，A 点就是强调条件论，就是要揭示对立统一的双方是如何转化的，是在什么条件下转化的。

从金融工程的方法论来看，A 点就是均衡点，就是无套利分析法。B 点就是积木分析法，C 点就是路径分析法。

在这里所要思考的问题是：这种以哲学方法为基础的金融工程分析方法体系是如何贯穿于整个金融工程理论体系的？

从金融工程理论体系来看，除了概论之外，我们涉及的内容主要有三大部分：①工具论；②微观结构论；③宏观结构论。

方法论在这三大部分中是如何保持一致性的呢？

我们曾经将金融工程方法论概括为一句通俗的话语，叫作"一手抓住三条鱼"。

在工具论里，"三条鱼"就是定价、创新和风控，我们把这也称为"三位一体"。任何一种金融工程只要讲清了"三位一体"是怎么回事，就抓住了这种金融工具分析的要害。

在微观结构论里，"三条鱼"就是"借、还、赚""三字经"，念好了三字经就掌握公司金融工程的要害。

在宏观结构论中，"三条鱼"就是"李翔三问"，即钱从哪里来？钱到哪里去？钱的风险如何控制？

"三位一体""三字经"和"李翔三问"，不就是哲学方法论中的 A、B、C "三点论"吗？

如果将金融工程所研究的三种资产即工具、公司和政府三个层面的资产分析与哲学意义上 A、B、C "三点论"的分析结合起来，不就解决方法论上的一致性问题了吗？

叶永刚

2020 年 2 月 26 日

于武汉大学

上圆论

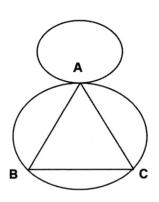

图 2-2 金融工程套利图

我们来分析一下上圆。我们在上圆中可以写下四个字：套利空间。

套利空间即突破 A 点后所获得的调整风险后的收益。从哲学意义上我们称之为净正能量。从经济学意义上，我们称之为利润 P 或 GDP。在微观层面，我们叫作 P，即利润；在宏观层面，我们叫作 GDP，即国内生产总值。微观的 P 汇总起来就是宏观的 GDP。

套利是金融工程中的术语，往往指的是一种交易活动，而套利空间则指的是套利所得。

套利空间无论对于个人、企业，还是政府来说都是非常重要的。个人要赚钱，企业要盈利，政府要经济增长的政绩。

从企业来说吧，为什么这么多的企业垮了或者经营不下去了？不就是没有形成所谓的正套利空间吗？

拿政府来说吧，为什么存在债务风险？不就是因为项目亏损吗？这不也是没有正套利空间吗？

现在有种提法，叫作"稳中求进"。什么叫作"稳"？"稳"就是控制风险，也就是控制 C 点。"进"是什么？"进"就是突破 A 点后的套利空间，就是让 B 点产生的收益超过 C 点所带来的成本，就是金融工程套利图中的上圆。

　　稳定经济不是不要发展，是要高质量的发展，是要在控制风险的前提下发展。要发展就忘了稳定，要稳定就忽视了发展，这种思维方式是片面的，是不符合辩证法思想的。

　　如何做到稳中求进，这需要我们重新回到金融工程套利图，更深入地思考上圆和下圆之间的关系。

叶永刚

2019 年 4 月 6 日

于珞珈山

下圆论（之一）

　　图 2-3 由两个圆圈构成。在这里，我们再来分析下圆。

　　下圆包含着 A、B、C 三点形成的三角形。金融工程从哲学意义上讲，就是要控制 C 点、推动 B 点、突破 A 点，从而形成套利空间。

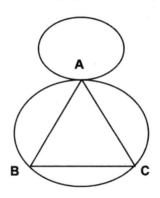

图 2-3　金融工程套利图

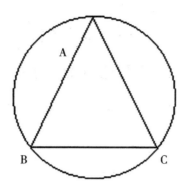

任何一个资产或资产包，一旦突破了 A 点，就意味着有了调整风险后的收益，也就意味着该资产有了扣除成本后的收益。

在这个资产的收益突破 A 点之前，经营者是很难融资的。一旦突破了 A 点，这个经营者就可以颠覆"金融世界"了。过去是资产者乞求融资者，现在的故事完全可以反过来讲了，融资者将会来讨好资产者，所有的融资者都会因为有了这个调整后的收益率而来向资产者献媚了。

三角形外面的这个圆圈可以代表社会融资规模，调整风险后的收益率越高，融通的渠道就会越宽广，社会融资规模就会越扩大。社会融资规模不仅包括直接融资量，也包括间接融资量，这是一个融资总量的概念。有了这个融资总量的概念，就可以用它来分析金融和经济的关系了。

这个关系可以用一个数学公式来表达：

$$Y = f(X)$$

在这个函数关系中，Y 表示经济，而 X 表示金融，f 表示金融与经济的关系。

前面曾提过，金融和经济的关系就构成了"李翔三问""叶氏五问"与"叶氏五论"。

这个问题我们留待后面作出更为深入的分析和讲解。

叶永刚

2019 年 4 月 6 日

于珞珈山

下圆论（之二）

下圆就是社会融资规模，研究下圆就是要研究下圆与上圆的关系，即金融与经济的关系。

社会融资规模主要有直接金融和间接金融。

与社会融资规模相关的一个概念叫作固定投资，我曾将固定投资作为社会融资规模的一部分，现在看来需要重新考虑。

向黄陂县叶建刚副区长咨询县域金融统计的有关情况，他告诉我人民银行统计社会融资规模，政府统计固定投资，这是两个不同的统计指标。由此，我认为还应该有一个更为广义的社会融资规模的概念，是既包括现行的社会融资规模，又包括固定投资。或许可以将这个指标称为社会投融资规模。这样的一个指标才真正接近下圆所揭示的金融含义。

有了社会投融资的概念，就可以分析社会投融资与 GDP 的关系，即我们在一个更为深入的层面来分析金融与经济的关系。

用数学公式来表述：

$$Y = F(x)$$

$$X = x_1 + x_2$$

在这里，$Y = GDP$，X 为社会投融资规模，x_1 为社会融资规模，x_2 为固定投资。

$$Y = ax_1 + bx_2$$

按照叶建刚副区长的说法，a 约等于 0.8，b 约等于 0.1。因为工业企业的资金周转为每年四次，即 1 元钱贷款可以带动 4 元钱的营业额，而 1 元钱的营业额可以创造出 0.2 元的 GDP。固定投资则不然，它的每 1 元钱，每年只有通过 10% 的折旧率才能进入 GDP。因此前者的系数 a 约为 0.8，而后者的系数 B 约为 0.1。

有了以上这两个系数，就可以作以下测算。

$$Y = ax_1 + bx_2$$

有了这个公式和 a、b 的测算值，就可以通过 x_1 和 x_2 这两个指标来测算金融和经济的关系了。以上这个公式也就成了上圆和下圆之间的关系式了。

这样，上圆和下圆以及两者的关系，不仅可以分析，而且可以进行量化分析。

叶永刚

2019 年 4 月 7 日

于珞珈山

两圆论

讲清了金融工程套利图中的上圆，我们就会明白上圆的规模越大越好，问题的关键在于如何做大上圆，这就要我们深入理解上圆与下圆之间的关系。

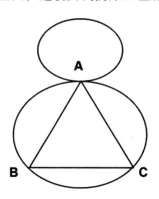

图 2-5 金融工程套利图

简单地说，图 2-5 中上圆代表经济，下圆代表金融。讲清两者的关系，就是要分析金融与经济的关系。

我从 1979 年进入武汉大学经济系，在本科阶段读了四年的政治经济学。在这一阶段我懂得了马克思主义的立场，就是要为大多数人谋利益，而不是只为少数人谋利益，更不能只为自己个人谋利益。在硕士研究生阶段，从专业上讲，我师从李崇淮先生攻读金融学；在博士阶段，我跟随谭崇台先生学习发展经济学，后面到美国学习金融工程。我在武汉大学读完本科后，一直留校任教，一边工作一边学习。留校后直到今天，我的教学和科研生涯就是在琢磨一个问题，即金融与经济的关系问题。

我要用马克思主义的立场，将从李老师那里学到的金融和从谭先生那里学到的发展经济学联系起来。我这些年所研究和提出来的宏观金融工程，就是要用金融工程的方法去解决经济发展问题，就是要去解决金融与经济的关系问题。

从本书前面的有关章节大家可以看到，我就是想去打开经济发展的"天门"。"天门"就是金融与经济的关系，就是要用金融去推动经济起飞。这就是发展经济学中的"经济起飞论"，这就是我们在这里要论述的"两圆论"。

"两圆论"就是经济金融关系论！

理解了前面讲到的"叶氏五问"和"叶氏五论"就弄清了"两圆论"。

1. 钱是什么？

2. 钱从哪里来？

3. 钱往哪里去？

4. 钱的风险如何控制？

5. 钱的作用如何充分发挥？

由于前面已经对这五个问题进行了详细的分析，此不赘述，下面着重分析这五个问题和下圆中 A、B、C 三点的关系。

第一个问题涉及 A 点，钱是货币，是一般等价物，也是一种配置资源的方式。所谓有效配置资源就是要突破 A 点。

第二、第三个问题主要落实在 B 点。金融创新就可以解决钱从哪里来和钱往哪里去的问题。

很明显，第四个问题关系到的就是 C 点。而第五个问题也是 A 点的问题。因为只有突破了 A 点，钱的作用才能得到充分发挥。

在此强调：钱的作用充分发挥，就是要运用下圆的方法论，将上圆那个"小脑袋"整治成为一个"大脑袋"。

叶永刚

2019 年 4 月 6 日

于珞珈山

A 点论

在金融工程套利图中，我特别喜欢这个 A 点。

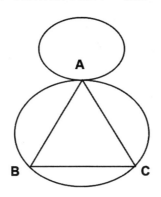

图 2-6　金融工程套利图

一位北京来的哲学老师曾对我们说："我们学习辩证法，不仅要学习对立统一论，还要学习两者相互转化的'条件论'……"一晃四十多年过去了，那位哲学老师也不知去了哪里。可是，他的话语却常常在我的耳畔响起。后来我学了经济学，学了金融学，学了金融工程，却总爱用哲学的思维方式来思考这种学科背后的道理。

当年那位老师的"条件论"到底在我身上产生了什么样的作用和影响呢？也许这些作用和影响，正好就体现在我要向大家解说的这个"A 点论"了。

没错，"A 点论"就是"条件论"。

"C 点论"加上"B 点论"就是"辩证法"，就是"对立统一论"，就是太极图，就是"阴阳平衡论"。

阴阳平衡有一个平衡点，这个平衡点就是 A 点。C 点代表负能量，B 点代表正能量，A 点代表正能量等于负能量的那一点。那一点也是一个突破点，突破了 A 点，也就产生了净正能量，净正能量也就是套利空间。

这些年来，一直在探索金融工程如何将宏观和微观打通的问题。后来，从美国人那里学到了国家主权资产负债表，紧接着将国家主权资产负债表拓展为宏观资产负债表。这样一来，我们就找到了宏观与微观相统一的方法论基础。再接下来，将金融风险管理中的经济资本管理体系引进金融工程，从而形成了宏观经济资本管理体系。

在这种经济资本管理体系里，有一个概念叫作"调整了风险后的收益率"。这个概念非常重要，这个概念就恰到好处地体现了"A 点论"思想。

风险就是 C 点，它所体现的是经济学中的成本。收益就是 B 点，它所体现的是经济学中的收益。收益等于成本的那一点，就是 A 点，调整了风险后的收益率，就是套利空间了。

没有 A 点，便没有套利空间。

请为 A 点点赞吧！

叶永刚

2019 年 4 月 6 日

于珞珈山

A 点的困难所在
——2018 年 10 月 27 日湖北省金融领导人才高级研修班跨界交流笔记

2018 年 10 月 27 日，湖北省委省政府在武汉大学举办"2018 年湖北省金融领导人才高级研修班跨界交流座谈会"，主题为"金融业如何促进地方经济发展"，座谈会邀请我参加并发言。

我在黑板上画出了金融工程套利图。

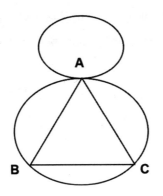

图 2-7　金融工程套利图

我告诉大家，A 点是生死线。金融促进经济发展就得冲破这道封锁线。想冲破这条封锁线，必须要将金融创新与风险控制两手一起抓。

有人认为抓风险控制就不能抓金融创新，这种思想是片面的、极其错误的。这些人认为"鱼"和"熊掌"不可兼得，殊不知"不可兼得"只是所有状态中的一种状态。你不可兼得，并不意味着别人也不可以兼得。如果真的有人开一个鱼和熊掌的"兼得馆"，说不定生意还更为火爆呢。

有人举手提问："叶老师，现在的问题是 A 点太高了，即资金成本太高了，人们很难到达，这是什么原因？如何解决这个问题？"

我告诉他："你说得非常好，A 从成本看主要是两部分，一是资金成本，可以用无风险利率 R 来表示；二是风险溢价，可用 P 来表示，因此 A = R + P，现在是 R 和 P 都很高。"

为什么会很高？因为通货膨胀。为什么会有通货膨胀的压力？因为货币供给量没有很好地满足有效需求，即"脱实向虚"。结果造成了货币供给量的空转。这就是泡沫，这就是通胀，这就是资金成本！

资金成本的上升大大增加了企业经营风险，这种风险也就构成了银行的信用风险，这进一步提高了 P，从而使 R+P 更高了！

如何破除这种困境，首先是要使我们的金融业的服务"脱虚向实"，金融只有为实体经济服务才能有效地控制通胀，才能有效地降低资金成本。

其次是要控制和降低风险，过去我们总以为控制风险是银行和企业的事情，现在看来不完全是这样的。我们在控制风险上需要"政府+金融机构+企业"协同创新，这就是我们目前在湖北省实施的县域金融工程和市域金融工程。

这样就可以做到"一箭双雕"，即既减少了 R，又减少了 P，何乐而不为呢？

接下来，我们开始了对于县域金融工程的讨论……

叶永刚

2018 年 10 月 27 日

于珞珈山

A 点与资产负债表

金融工程遇见了资产负债表，便打通了宏观金融工程与微观金融工程之间的联系。

从公司金融工程的层面来看，一旦有了资产负债表，公司成为一个"资产包"。我们就可以对这个"资产包"进行资产定价，并测算出风险溢价，这便有了调整风险后的收益率。将这个收益率与金融市场上的无风险利率进行比较，这就是公司层面上的 A 点。这也就说明了"公司论"与"A 点论"之间的关系。

从政府层面来看，我们找到了宏观资产负债表。有了宏观资产负债表，政府就变成了一个"大资产包"。这个"大资产包"同样可以进行资产定价，并进行风险溢价的计算。宏观经济资本体系就在这个基础上建立了调整风险后的宏观资产收益率，就可以与金融市场上的无风险收益率进行比较了。这就是宏观资产包上的 A 点。这就解决了"政府论"与"A 点论"之间的关系问题。

金融工程有"工具论""公司论"和"政府论"。"工具论"与"A 点论"的关系，前面已经进行了大量的论述。在这里我们又分析了"公司论""政府论"与"A 点论"的关系，由此一来，我们便在"工具论""公司论"

和"政府论"三个层面上打通了它们和"A 点论"的关系。

按照中医学的理论，在经络学上要打通下丹田、中丹田、上丹田。明白了 A 点与"工具论""公司论"和"政府论"三者的关系就是打通了经济系统中的上、中、下三个丹田，形成经济系统中的"小周天"和"大周天"。

再来看金融工程套利图。

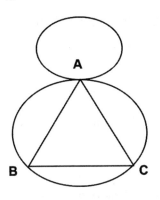

图 2-8　金融工程套利图

可以发现，此图不仅适用于"工具论"，而且适用于"公司论"，同样适用于"政府论"。因为这三者有一个共同之处，它们都是"资产"！而"金融工程套利图"所揭示的正是"资产定价学说"！

叶永刚

2019 年 1 月 30 日

于珞珈山

A 点与期权定价

期权是金融工程中最基本和最核心的衍生金融工具，它也是一种金融资产。它的理论基础就是资产定价理论。

资产定价就是要找出这种资产的"A 点"，"A 点"就是期权的理论价格。

期权定价可以找出两个"A点"。一是期权定价公式，即我们所说的"布莱克-舒尔斯公式"，也叫"B-S公式"，二是"欧式看涨期权-看跌期权平价公式"。

先看"B-S公式"：

期权价格 = $S_t N(D_1) - Xe^{-r(T-t)} N(D_2)$

这种期权定价公式实际上是一种控制风险条件下盈利的商业模式，它所揭示的是期权价格与复制期权价格之间的平衡关系点，也即是一个"A点"。

再看欧式看涨期权与看跌期权之间的平价关系。

平价关系：

$$C + Xe^{-r(T-t)} = P + S$$

在这里，C 为欧式看涨期权价格，X 为行权价格，P 为欧式看跌期权价格，S 为现货价格，T 为到期日时间，t 为当期时间。这里反映的其实是四个金融市场之间的平衡关系，在这个平衡点上，无套利机会。离开这个平衡点，就存在套利机会，这就是期权定价中的另一个"A点"。

掌握了这两个"A点"，就掌握了期权定价的基本原理，也就掌握了期权交易的点金术。粗看起来，"A点"只是一个平衡点，只是一种无套利的机会，但是只要突破一点，就可以创造出正套利空间。这不就是在告诉我们什么是套利机会吗？

要知道，除无套利的"A点"，所有的地方都存在套利机会。这其中的道理的确值得我们仔细玩味。

叶永刚

2019 年 1 月 30 日

于珞珈山

A 点与平价关系

在金融学中我们常常听到或看到各种平价关系，其实平价关系就是金融工程套利图中的"A点"。

我们曾经学习过购买力平价关系，购买力平价关系反映的是两种货币之间的汇率与两种货币所代表的购买力之间的平衡关系。平衡点就是"A点"。"A点"之上是正套利空间，之下则是负套利空间。

除了购买力平价关系，我们还学习过利率平价关系。它反映的正是远期无套利价格，因此也是一个"A点"。

在国际金融中学过的"费雪效应"，它反映的是两种货币在两个不同事件之间的汇率之差与两种货币利率之差的关系，它也是一个"A点"。

在金融工程"工具论"中谈到的所有衍生品定价都是揭示的这种平衡关系，即"A点"。

在金融工程"公司论"中所运用的经济资本分析法也是将调整了风险后的收益率与无风险利率进行比较，这也是一种平衡分析法，也即"A点"。

最后，我们来看金融工程的"政府论"，这即是宏观金融工程。在这里由于有了宏观资产负债表，所以将宏观资产负债收益率与无风险收益率进行比较。这也是一种平衡分析法，它也是我们能找到的"A点"。

由此看来，抓住了一点，就抓住了金融工程的关键点，就抓住了金融工程的"牛鼻子"！

叶永刚

2019 年 1 月 30 日

于珞珈山

B 点论（之一）

B点就是创新，这没错。

可是创新的源头又在哪里呢？换句话说，创新从何而来？

记得朱熹曾写过一首诗，叫作《观书有感》："半亩方塘一鉴开，天光云影共徘徊。问渠那得清如许，为有源头活水来。"

我们追问的就是这种源头活水。

当我们学习文学时，文学上有一句话叫作"诗的功夫在诗外"，这是在强调"诗外"的功夫。但"诗的功夫"真的只能在"诗外"吗？恐怕也不是，其实"诗的功夫"应在"诗内"加"诗外"。

金融创新的功夫恐怕也是这样，既在"诗内"也在"诗外"，"诗内"的金融专业知识，此不赘述。"诗外"的功夫对于金融工程来说到底有哪些呢？到底哪些是最为重要的呢？

在所有决定金融工程的"诗外"功夫中，我想应该少不了一种叫作激情的东西吧，因为有了激情就有了想象。有了激情和想象，就有了写诗的灵感和冲动了，至于写出来的东西叫不叫诗，这就是"诗内"的功夫了。金融创新不也是这样吗？一个对生活和工作没有激情的人，很难想象他在创新上会有大的作为。

有一次我在一个报告会上讲金融工程，讲着讲着，不知怎的就激情澎湃起来。我说金融工程创新需要激情，而有激情的人则是这个世界上的有福之人。

有一个学员站起来发言："叶教授，我非常赞成您的说法。可是有一个问题，我始终没有弄明白激情这种东西从哪里来呢？"

我略一思考，告诉他："我认为可以从一个人的人生阅历和使命感中得来。一个人的人生阅历越是丰富，他对生命的领悟越是深刻。一个人越是对生活充满信心和热情，越是具有坚定的信念和崇高的使命感，他的人生越是充满激情。"

从讲台上走下来，我觉得自己的回答并不充分。因为我想到一个人的使命和担当，是与"觉悟"有关的，难道"觉悟"只是一种思想上的豁然开朗吗？"觉悟"其实是身心兼修而达到的一种理想境界和精神状态，这种境界和状态获得的途径不仅在于"修心"，而且在于"修身"。没有练过功夫，特别是没有练过"内功"的人，是很难理解这种境界和状态的。正因为如此，对于那些只知事物表面现象的人，我们往往用一句成语来形容，说他不知"个中三昧"，这种"三昧"状态，也即是我们所说的那种"觉悟"后的境界和状态。

因此，对于"B点"所代表的创新背后的原动力，我们是可以从一个更为深远的背景上去探求的。而且只要我们持之以恒，也是可以做到的。"世上无难事，只要肯登攀"，此之谓也！

叶永刚

2019 年 4 月 6 日

于珞珈山

B 点与协同创新

说不完金融工程套利图啊，有时候我情不自禁地感叹！再看下图。

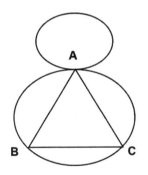

图 2-9　金融工程套利图

我们知道 B 点是正能量，是创新点。过去我们思考的创新往往是单一和孤立的创新。这些年来，我们越来越感觉到了协同创新的重要性。就拿金融机构来说，有机构内部的协同创新，也有机构之间的协同创新，还有金融机构与政府部门之间的协同创新。

最近在湖北省的金博会上，光大银行和人保资产公司介绍了他们之间进行协同创新的一款产品，叫作"科保贷"。

这款产品的基本流程：①科技企业申请；②人保资产担保；③光大银行

贷款。这种金融产品的创新，由担保和信贷这两种基本要素组合而成，它的出现有效地支持了科技企业和产业的发展。

"B点"上的这种协同创新，除了金融机构之间的协同外，还有政府、金融机构和企业之间的协同。比如我们最近正在云南楚雄州的示范，就采用了这种"大协同"的方式。

①政府担保基金；②企业股改；③银行股改贷。这三种元素的组合，很好地解决了企业的融资难问题。

"B点"的协同创新是一个广阔的天地。宏观金融工程主要是一种协同创新，而且是政府、金融机构、企业和家庭这四大部门之间的协同创新。我们将这种协同戏称为"四人转"而不是东北的"二人转"。

仅从县域金融工程来看，我们在全国各地示范所总结出来的各种所谓"模式"，不过就是这种大协同的路径选择而已！

叶永刚

2019 年 7 月 8 日

于珞珈山

金融工程套利图与科技产业金融工程

最近我一直在琢磨科技产业的问题，特别是科技产业金融工程与金融工程套利图的关系问题。

科学技术是生产力。对于科技产业金融工程来说，不仅要解决科技产业本身的问题，而且要解决科技产业与其他产业的关系问题，要在产业中加进科技元素。

如何在产业中加进科技元素呢？

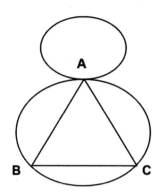

图 2-10　金融工程套利图

科技元素可以从金融工程套利图中的"A点"进入。我们曾经讨论过金融工程应该抓住"三条金鱼"，即控制"C点"、创新"B点"、突破"A点"。

如何突破"A点"。当然离不开我们曾经讨论过的突破"A点"的"五论"，或指之为"五大法宝"：①加法；②减法；③乘法；④除法；⑤乘方法。

这"五大法宝"中，"科技元素"起码可以从法宝之一和法宝之二进入。

在法宝之一中，可以通过科技元素，提高产品质量和收益；在法宝之二中，可以降低成本。

有了法宝之一和法宝之二，资产收益就可以大大提高，就有可能使其超过成本，从而突破"A点"。

科技产业本身可以看作一个大资产，从法宝之一和法宝之二进入"A点"，从而突破"A点"。

科技元素进入任何其他产业也一样，可以通过法宝之一和法宝之二进入"A点"，从而突破该产业的"A点"。

科技产业突破了自己的"A点"，或者科技元素进入其他产业，而突破了其他产业的"A点"，这不就形成了套利空间了吗？这不就可以颠覆"金融世界"而使金融资源涌进科技产业和科技产业所支持的其他产业了吗？

科技产业、金融工程与金融工程套利图之间的关系不就"大白于天下"了吗？

叶永刚

2019 年 7 月 1 日

于珞珈山

B 点论（之二）

B 点论就是创新论。在金融工程中，创新就是指金融创新。

有人说，太阳底下没有新事物。此话不假，那么，既然太阳底下没有新事物，创新从何而来呢？创新从太阳底下来，从太阳底下的事物而来。太阳底下的每一个事物都是一个元素，或者叫作要素。创新不过就是将太阳底下现有的元素重新进行排列组合，重新排列组合就是创造。

一盘象棋就有 54 枚棋子，就有一个棋盘，就是在这个棋盘上将 54 枚棋子不断地进行排列组合。可不要小看这个排列组合，这可是奥妙无穷呢！"四四方方一座城，内藏兵马外藏人。红军不动黑军动，炮里无烟暗伤人"，这个谜语说的就是下棋的奇妙和乐趣。

说到金融工程的创新，很多人以为就是高深莫测的数学公式，就是常人难以理解的计算机语言和算法，就是火箭专家和物理学博士。其实金融工程创新所指的远远不只是这些。金融工程创新首先是金融产品的创新，每一个金融产品都是一个元素，将这些元素进行排列组合就是创新。

金融工程师就是从事这种创新的专业人员，这些专业人员都有着自己的"工具箱"，这些"工具箱"中装满了各种"金融元素"，即现货工具、衍生品等。他们面对各种金融问题时"眉头一皱，计上心来"，拿出来的锦囊妙计，就是这些工具或者这些工具的排列组合。

工具并不是人们所想象的那样，越是复杂，越显得金融工程师越有水平。恰恰相反，在金融工程中，我们所需要的不是复杂，而是简单，关键是要解决问题。同样的问题，如果我们能用更简单的工具即更少的成本来解决它，这难道不是我们更需要的办法吗？这就是我们在经济学中所说的"效率"或

"成本收益分析法"。

我曾经多次去过宁夏，有两件事给我留下了终生难忘的印象。一是张贤亮的西部影视城。他将西部的荒凉变成了一道美丽的风景，并将这道美丽的风景恰到好处地变成了经济效益。在那里，有一个标语让人过目不忘："中国人在任何条件下都可以创造出人间奇迹。"仔细想想，此言极是！

二是宁夏网格治沙这件事，他进一步印证了"中国人在任何条件下都可以创造出人间奇迹"。在沙漠上修铁路，这是世界难题，宁夏人用一个简单的方法就攻克了。用一把铁锹在沙地上用麦草织成一个个正方形十字网格就可以固沙了，网格中撒上草籽，慢慢就可以长出野草来，铁路就可以在茫茫的沙漠中畅通无阻了。

治沙是这样，造影视城是这样，我们的金融工程又何尝不是这样呢？正因如此，我们在金融工程的实施过程中，才能提炼出"小工具、大战略"的战略思维方式，从而去解决一个又一个的经济金融难题。

我们在通山县打造"通山模式"时，运用的也是这种思维方式。企业股改、股权质押融资、政府融资担保，这三个简简单单的金融工具整合在一起形成的金融工程实施方案，就可以解决通山县的经济难题。通山县能做到的，中国的哪一个县做不到呢？这简简单单的三招所形成的"组合拳"即金融创新，不就可以解决中国县域经济发展的难题了吗？

很多人都在这个问题上存在错误认识和理解。有很多人是躲在高楼深院做学问，而不是站在经济建设第一线解决问题。他们从"方法论"出发，而不是从问题出发，其结果是"差之毫厘，谬以千里"！

影视城、网格治沙和通山模式所折射出来的，难道不正是"B点"所要告诉大家的基本理念和方法吗？愿大家切记……

叶永刚
2019 年 4 月 6 日
于珞珈山

71

B 点论（之三）

再看金融工程套利图。

如果我们将"C 点"称为负能量点，那么"B 点"就可以称为正能量点。

"B 点"在经济学中，我们可以称之为经济发展点，或称之为经济增长点，也可以称之为收益点。我们学习经济学必须学习"成本收益分析法"，"C 点"代表成本，而"B 点"代表收益。"B 点"是经济学中的正能量。

"B 点"在金融学中，我们可以称之为金融创新，它与"C 点"的风险控制相对应，"B 点"也是金融学中的正能量。

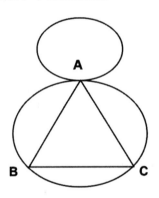

图 2-11　金融工程套利图

我记得刚到我的恩师谭崇台先生门下求学时，谭先生谆谆教导我："汤之盘铭曰：苟日新、日日新、又日新。"谭先生要求我们这些弟子们无论做人做事都要严格要求自己，日新月异，追求卓越。

我刚刚进入武汉大学求学时，校训上就有几个醒目的大字"自强、弘毅、求是、拓新"。"拓新"也是 B 点所要求的做人做事的一个准则。

强调正能量，即强调"B 点"，也许是中华民族文化的一个重要特点。"天行健，君子以自强不息"，这是《易经》中的古训，也是我们文化的源头、活水。

我常常在讲金融工程课程时告诉大家：金融工程的原理要求我们起码要做到"一手抓住两条鱼"，一条叫作"风控"，另一条叫作"创新"。

金融工程讲创新时运用的是"积木分析法"，就是像小孩搭积木一样，用一块块的积木搭建出千姿百态的"建筑风格"来。

在现实世界中，我们的金融工具或产品都可由其他的金融工具或产品搭配而成。而且在一般情况下，这种搭配的路径并非只有一条。这在数学上叫作"排列组合"，这种方法也叫作"复制"方法。

懂得了这些道理，我们在处理各种经济和金融问题时，就会左右逢源，甚至绝处逢生。

我常常给学生们讲的一个例子是用人民币兑换外币，光这一种金融交易就可以用许多的方法实现。比如说，用人民币买日元，再买美元，这是用人民币兑换美元；用人民币买日元，再用日元买欧元，用欧元买美元，同样不也是用人民币兑换美元吗？

正因为我们在金融工程方面受过系统的训练，就有了一种技术或者一种艺术，就可以随时随地在"B 点"上大有作为了。

叶永刚

2019 年 4 月 4 日

于珞珈山

C 点论（之一）

"C 点论"就是风险论，在金融工程中，"C 点论"就是金融风险论。从这个意义上说，金融风险管理的哲学基础也可以是这个不起眼的小点，即"C 点"。

我们讲金融风险讲得最多的是三种风险，即信用风险、市场风险和操作风险。在这三个风险中，信用风险是市场风险和操作风险的基础。因为市场风险和操作风险造成的影响和损失，最后都会体现在信用风险上。

信用风险的测度和管理与我们的资产负债表有着十分密切的关系。有了资产负债表，就有了资产负债指标，就可以看负债在资产中的比例，可以看出是否存在资不抵债的状况，就可以看出是否会出现破产清算的局面，这就有了信用风险的测度。

不仅如此，这种测度也为信用风险的管理提供了一个可靠的依据和前提。

企业层面是这样，政府层面更是这样。有了宏观资产负债表，就有了政府层面信用风险测度的可靠基础，就有了宏观金融工程，就有了宏观金融经济学，就有了宏观资产定价理论，就有了宏观风险溢价，就有了宏观经济资本，就有了宏观经济发展战略管理，等等。

我们欣慰地看到，国家已经开始编制中央政府和地方政府的资产负债表了，这是我们在中国这片土地上一直所探讨和呼吁的。我们终于看到政府已经听取了我们的建议，并且逐步采取了切实的措施。这件事情干下来，宏观金融工程就有了更为广阔的应用前景。

"C 点论"，即"风险论"，就可以在宏观经济层面大显身手了。

叶永刚

2019 年 4 月 6 日

于珞珈山

C 点论（之二）

金融工程套利图中蕴含着金融工程的原理和哲学基础。我甚至觉得"C 点"是金融风险的哲学基点。

"C 点"是和"B 点"相对应的，"B 点"代表阳点，"C 点"代表阴点。阴与阳是太极图中的两个基本元素，两者是对立统一的，而且是可以相互转化的。

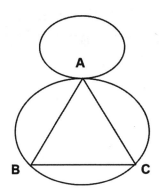

图 2-12　金融工程套利图

"B 点"代表正能量，"C 点"代表负能量。

"C 点"代表事物在发展过程中存在的下行趋势或者负面影响和作用，在经济活动中代表成本与风险。它是与收益和创新活动相对立的。

人生存在着负能量，存在着向下的趋势，存在着生老病死，存在着各种各样的挫折和风险。正因为如此，老祖宗教导我们要"战战兢兢，如临深渊，如履薄冰"。

人生存在着身体上的风险。我去年春天不慎吃了一碗荞麦面，结果过敏了，顿时休克不省人事，就像死过去了一样，幸好后来醒了过来。我现在在钥匙扣上别着一个小瓶子，里面放着抗过敏的药物，随时准备拿出来用。前些日子又危险了一把，在应酬时喝了假酒，又过敏了，浑身恶痒，倒在地上，赶紧掏出小药瓶，吃了一颗阿司咪唑，才又站起来了。这叫什么？这叫"风险控制"，也就是金融工程中的"风险管理"。

金融工程不仅要防范风险，而且要将"C 点"的这种防范风险的成本与"B 点"所带来的收益进行比较，并将其风险控制在收益之内。不然，就会亏本。

"C 点"不仅代表人生的风险，而且也代表企业的风险。经营企业不也是这样吗？既有可能享受成功的喜悦，也有可能遭受失败的打击。如果"B 点"代表成功，"C 点"也就代表了失败。如果"B 点"代表企业的收益，"C 点"也就代表了企业的成本。

"C 点"不仅可以代表人生和企业，也可以代表政府的经济行为。如果

"B 点"代表经济增长，"C 点"不就可以代表经济下行吗？

明白"C 点"的厉害之处了吗？希望大家对它警惕点、防范点！

叶永刚

2019 年 3 月 27 日

于珞珈山

C 点论（之三）

在一次给一个地方政府领导培训班讲金融工程课程时，我又讲到了图 2-13 金融工程套利图。

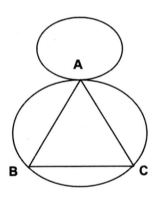

图 2-13　金融工程套利图

从 A、B、C 三点的关系到这三点与老子道德经中"道生一、一生二、二生三、三生万物"的关系，最后落脚到了"C 点"。（从哲学上讲，这是一个负能量点；从经济学上讲，这是一个成本点；从金融学上讲，这是一个金融风险点；从金融工程上讲，这是一个风控点及风险管理点。）在课程快要结束时，我又强调了"C 点"与"P 点"的关系。

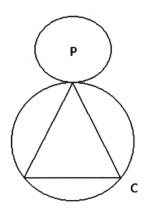

图 2-14

课程结束后，有一位领导干部走到讲台边告诉我说："叶老师，您讲的这个 C 点太重要了。"

我故意问他："为什么？"

他说："控制住了 C 点就控制住了风险。否则，您那个金融工程套利图所构造的金融大厦就会完全崩塌。"

他说的话让我感到十分吃惊，我没有想到这位学员的悟性如此之高。他完全领悟了 C 点的实质，完全把握住了 C 点与 P 点的关系。

看起来，他讨论的只是有关 C 点的哲学问题。但是从他的话语中，我完全明白，他具有十分丰富的实践经验，他是在用他的人生阅历和实际工作经验，与我进行交流。

如果我们地方政府的领导同志都能像他那样理解这个 C 点以及 C 点与 P 点的关系，那么就真能做到如俗话所说的："为官一任，造福一方"了。

等他离开课堂时，我从内心深处默默地说："谢谢您啦，谢谢您在课堂上与我的交流互动。"

叶永刚

2019 年 7 月 18 日

于安徽太湖

套利空间与套利持续论

最近在课堂上听一位老师讲利率问题，深受启发。

他讲单利，讲复利，讲人生哲学，讲做人做事要持之以恒，方得始终。这让我不由想到套利空间的"时空论"。

在分析套利空间的"规模论"时，我们主要是从空间上来进行分析的。我们在进行金融投资时，不仅要有本金"P"，而且要有利率或收益率"r"，不仅要收回利息，还要收回本金即到期现金流，应该是：$F = P(1 + r)$。

如果在（1+r）上面再加上一个指数 n，公式就变成了：

$$F = P(1 + r)^n$$

老师这时告诉学生们说，r 就是要去做正确的事，n 就是要年复一年地做下去。$F = P(1 + r)^n$ 就是走向成功的路径选择！

如果 r 是突破 A 点的净收益率，那就是套利空间。如果加上时间 n，那不就是可持续发展吗？那不就是"套利持续论"吗？

老师这时候又开始强调复利概念，讲到"利滚利"了！这就使"套利持续论"变成了"复利持续论"，这就使"经济起飞论"变成了"经济持续发展论"！

"套利空间论"简直就像枝头开满鲜花的大树，"套利持续论"则成为一朵盛开的鲜花！

叶永刚

2019 年 1 月 24 日

于珞珈山

套利空间论与套利规模论

在分析图 2-15 时，会讲到"C 点论"，会讲到"B 点论"，更会讲到"A 点论"。特别是"A 点论"其值得我们关注，因为"A 点论"就是条件论，A 点就是一个关键点，突破了 A 点就有了套利空间。套利空间从微观来看就是利润，从宏观来看就是 GDP。

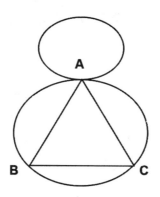

图 2-15　金融工程套利图

这就是套利空间论。

套利空间，不仅有正套利空间，还有负套利空间。负套利空间是整个金融风险分析的哲学基础。金融风险论说到底就是产生负套利空间的风险。我们进行风险分析不就是要防范和避免产生负套利空间吗？

然而，我们的分析脚步不能只是停留在这里，我们还要进一步分析套利空间的规模，特别是正套利空间的规模。

突破了 A 点，有了正套利空间，如何让正套利空间规模化，或者说规模扩大化呢？

那就是金融论了。金融论也是一种融资论。

突破了 A 点就可以进行融资，就可以将所有的融资渠道打通，就可以颠覆整个金融世界了！这时，不是资金的需求者去乞求资金的供给者，而是资金的供给者要来讨好资金的需求者了。

这就可以做到稳中求进，不仅求进，而且可以做到高歌猛进。

套利空间论与套利规模论结合起来，就可以成为经济起飞论！

叶永刚

2019 年 3 月 24 日

于珞珈山

金融工程套利图与负套利空间

为了更好地分析负套利空间，我将金融工程套利图换了一种画法。

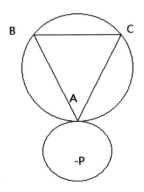

图 2-16　负套利空间图

这里依然是在研究金融与经济的关系，只不过这里形成的不是 P，而是-P。即这里形成的不是正套利空间，而是负套利空间。

我在这里想讲清楚三个问题。

第一个问题：为什么会形成负套利空间？

答：因为 C 点大于 B 点。C 点代表成本，B 点代表收益，成本大于收益便意味着亏损。-P 就是亏损。

第二个问题：为什么地方政府投融资平台的负套利空间特别大？

答：因为地方政府的投融资平台存在体制上的缺陷，它既不是纯粹的企业，又不是纯粹的政府，它是一种市场运作的事业单位，它是一种计划经济与市场经济配合的最糟糕的表现形式。

糟糕在哪里？糟糕在国有资产的流失。国有资产在这里是怎样流失的呢？

将两张金融工程套利图放在一起来比较一下，大家很快就会明白！

在图2-17中B点超过C点，突破了A点，形成正套利空间即利润。本来政府投融资平台是应该这样去干的，应该去盈利的。但是在图2-18中我们可以看到，C点不仅没有小于B点，而且大大超过了B点，于是亏损就出现了。

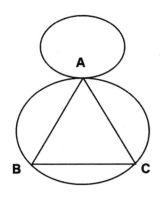

图2-17　正套利空间图

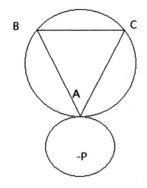

图2-18　负套利空间图

在经济教科书中我们将这种玩法称为"价格转移"，跨国公司就是用这种手法在全球范围内套取利润的。简单地说，就是用抬高价格的办法来增加成本，用压低价格转移利润，这就叫作"高买低卖"。

在民营企业的经营活动中，有一种现象我们称之为"小舅子现象"。有的民营企业家信不过别人，只信得过自家的小舅子。于是采购的任务就由小舅子负责，没想到小舅子买回的东西，价格总比别人的要高一些。为什么呢？小舅子在背后拿人家的回扣。

政府投资平台的亏损如此严重，就与这种"小舅子现象"有极大的关系。这不仅仅是一个人的问题，更是与企业的制度有很大的关系。于是就引出来了第三个问题。

第三个问题：如何化解这种负套利空间风险？换一句话说，我们如何化解地方政府债务风险，更准确地说如何化解政府的投融资平台风险？

答：去平台化。去平台化就是改制，改制就是要变事业单位为企业。企业就只能干有利润的事情，不能干亏损的事情。企业就得清除负套利空间，否则企业就难以为继。可见，去平台化是解决问题的关键和要害，去平台化可以从根本上杜绝"小舅子现象"。

叶永刚

2019 年 7 月 22 日

于珞珈山

金融宏观结构论与金融工程套利图

从方法论上讲，金融工程套利图揭示了以下四点思想。

（1）"一点论"，目的就是要创造套利空间。

（2）"两点论"，目的与手段具有高度的统一性。

（3）"三点论"，在手段上强调了"一手要抓住三条鱼"。

（4）"系统论"，在处理各个层面的具体问题时强调路径优化与协同创新。

现在所要讨论的"宏观结构论"，同样要体现出方法论上的这些基本思想。

金融工程的研究对象是金融资产。在工具层面，强调"三位一体"即定价、创新与风控的一致性。在公司层面，强调了"借、还、赚"的"三字经"。这些都体现出了金融工程套利图中强调的"一手要抓住三条鱼"的基本原则和要求。

现在从工具层面和公司层面上升到政府层面，也就是宏观金融结构层面。在这个层面如何体现"一手要抓住三条鱼"的基本思想呢？

关于这个问题的分析，还得要说到 2007 年开始的国际金融危机。为了应对这次危机，全球的经济学家们都开出了各种各样的良方，其中以格雷为代表的美国经济学家提出了国家主权资产负债表的概念，并将这个概念用于分析宏观金融风险。

我们在学习和借鉴格雷这种思想方法的基础上，进一步将国家主权资产负债表拓宽为宏观资产负债表，并在此基础上构建了宏观金融工程理论体系。它的主要内容有：①宏观资产负债表；②宏观或有权益资产负债表；③宏观经济资本管理体系；④宏观金融风险预警体系；⑤区域金融工程体系；⑥产业金融工程体系；⑦经济发展战略风险管理体系，等等。

这些内容是如何体现"一手要抓住三条鱼"的基本思想的呢？

（1）宏观资产负债表的定价作用。有了宏观资产负债表，就打通了宏观与微观之间的桥梁和通道，这就为宏观资产定价奠定了一个坚实的基础。

（2）区域金融工程和产业金融工程的创新作用。有了区域金融工程和产业金融工程，就有了各种金融创新工具的运用。

（3）宏观风险管理体系的风控作用。这就可以像微观一样来控制宏观风险了。

我们有一次到湖北省丹江口市去调研金融工程，该市的李翔市长给我们提出了三个问题：①钱从哪里来？②钱往哪里去？③钱的风险如何控制？

这三个问题提得非常好，对于宏观金融工程具有普遍意义。因此，我在《金融非常态——中国县域金融工程笔记》那本书中将这三个问题称为"李翔三问"。

"李翔三问"就是我们在宏观金融工程中必须要解决的三个问题。这三个问题和我们的"三条鱼"到底有没有关系？有什么样的关系呢？

我们的回答：有关系！有十分重要的关系！

"李翔三问"的答案就在金融工程套利图中的 A、B、C 三点上。

第一个问题：钱从哪里来？钱从 B 点来，通过 B 点的金融创新而来。

第二个问题：钱往哪里去？钱往 A 点去，往能够突破 A 点的产业、企业和项目去。换一句话说，钱往能够真正赚钱的地方去！

第三个问题：钱的风险如何控制？由 C 点来控制。有了宏观金融风险控制体系，这个问题不就迎刃而解了吗？

好了，政府层面的"三条鱼"也被我们抓住了。

在宏观金融结构层面，我们需要牢牢记住"李翔三问"！

叶永刚

2020 年 2 月 25 日

于珞珈山

金融微观结构论与金融工程套利图

回想起来，我第一次到美国学习是在 1996 年。我在康奈尔大学待了一年。那一年，我在美国第一次系统学习金融工程。仔细想来，我在那时学到的金融工程主要还是工具论，而且主要是衍生金融工具，在衍生金融工具中主要是期权工具，在期权工具中主要是期权定价。对我来说最有里程碑意义的事件是我终于弄明白了期权定价公式的推导。我记得，在我看懂了期权定价公式的推导过程的那个晚上，我激动得一夜都没有睡着！因为那个公式折磨了我多年！

我第二次到美国是 2004 年下半年，在佐治亚州立大学做访问学者。我觉得有两件事情对我的金融工程学术生涯产生了十分重要的影响。一是我意识到了金融工程的期权定价公式不仅是一个定价公式，而且是一种商业秘密。很多人实际上没有弄明白它的经济意义。二是学习金融风险管理。特别是经济资本管理体系这一套东西，它实际上是工具论在微观结构论中的发展和应用。特别是这第二件事情，大大地拓宽了我对金融工程研究的视野。从工具分析拓展到了结构分析，从定价分析拓展到了金融风险分析。

我们在工具论中强调了"三条鱼论"即"一手要抓住三条鱼"。那么如何在微观结构分析中也做到"一手要抓住三条鱼"呢？

所谓微观结构其实指的就是企业，而企业较为完整的组织形式是公司。

以一家公司为例来说明这个问题。

现在全国人民都喜欢上了武汉的鸭脖子，武汉人将鸭脖子做成了大产业。

我们有一个长期合作的鸭脖子企业。该企业过去经营得十分红火，最高潮的时候，销售额曾经达到 30 亿以上。

但是后来有一段时期经营垮了。为什么垮了呢？其中一个重要的原因就是企业盲目扩张。企业向银行借入大量的流动资金进行固定资产投资，结果资金链断裂，企业的现金流无法偿还银行的利息。一家银行的还本付息出现问题之后，所有的银行全部抽贷。企业马上瘫痪，无法正常经营了。

这个企业出现的问题具有很大的普遍性和代表性。

这说明这个企业在整个经营活动中，起码缺一个专业的财务主管。如果有这样一个财务主管，并且他深深地懂得公司金融和风险管理这一套金融工程的原理和方法，那这家公司就不会陷入这样的困境。公司金融最主要的内容离不开资本预算、融资和风险管理。这三大问题与金融工程套利图密切相关。

首先来看公司的风险管理，即"C 点论"。为什么现金流玩断了？这不就是债务风险吗？债务风险不就是信用风险吗？公司除了信用风险外讲得较多的还有市场风险和操作风险。我们前面所分析的"路径分析法"就可以用来防范和控制这些风险。

再来看公司的融资。公司的融资渠道很多，所有的金融市场和金融市场上的工具都可以作为公司的融资手段。这不就是一个金融创新的问题吗？金融创新不就是"积木分析法"吗？金融市场上的"积木"可多着呢！这就是"B 点论"。

我曾经给大家开过一个玩笑，我说如果用一本教材来办一个速成班，培养一批金融工程人才，那么可以选一本《金融工程概论》。如果用两本教材呢？那就加上《公司金融》吧。如果用三本教材呢？我想那就可以是《衍生金融工具概论》了。因为通过这三本书的学习，学员基本上就可以学着去动手分析问题和解决问题了！

最后来看"A 点论"。

在公司金融中要学习资本预算。算什么？算企业能不能够赚钱。只有赚钱才能融资，要不然岂不是死路一条啊！

如何算账？就是找出盈亏平衡点，这就是"成本收益法"。找到这个"A

点"也就找到了融资的依据。

对于公司来说，赚钱才是硬道理。赚钱就是"正套利空间"。在这里要计算的是"调整风险成本后的收益率"，计算成为绝对值就是扣除了经济资本成本后的收益。这种收益被称为经济增加值，这就是微观经济资本分析。

学会了这一套，就能在公司层面"一手抓住三条鱼"，一条是"赚"，一条是"借"，一条是"还"。"三位一体论"在"微观结构论"中不就是要念好这"三字经"吗？

企业是这样，金融机构也是这样，因为它们都是公司。鸭脖子企业过去之所以出问题，初看起来只是一个流动资金问题，只是一个 C 点问题，其实A、B、C 三点是紧密联系在一起的。后来这家企业在这三个方面从整体上进行了重组调整，于是又重新走上了健康发展的道路。

叶永刚

2020 年 2 月 24 日

于珞珈山

金融工具论与金融工程套利图

金融工程的研究对象就是金融资产，从整个金融学的课程结构来看，一共有四个部分：①概论；②金融工具论；③微观结构论；④宏观结构论。

在概论部分，主要强调了方法论。在讲方法论时，运用了金融工程套利图的表述方式进行了阐述，反复强调了一个基本的思想："一手要抓住三条鱼。"

当接下来分析金融工具论和结构论时，无非也是要将这"三条鱼"的思想贯穿到学问的每一个领域。

在讲到金融工具时，如何来体现这种"三条鱼"的思想呢？

将各种金融工具也看作是一种资产。在分析这种资产的时候，无非是要解决资产定价、资产收益和资产风险溢价问题。将这三个问题归结于金融工程套利图中的 A、B、C 三点，这三点形成了一个完整的分析体系。

讲清楚了这三个问题之间的关系，就可以让每一个人掌握每一种金融工具的运用了。

前些年，我在给博士研究生上课时，一位学生告诉我，他有一个好朋友做铜生意。他的这位朋友几乎每年都可以大赚一笔，小日子过得悠哉悠哉的，每个月还可以到高尔夫俱乐部去打球。

我问他："你那位朋友是怎样做的？"

他说："他在国内买上一批铜锭运到国外，同时在国外期货市场提前卖出，他可以从中赚取丰厚的利润。"

我告诉他："那种交易主要是期货，他是在利用期货市场和现货市场上的差价进行套利，现货价格是现在就可以知道的，而期货价格也是今天就可以知道的价格，这两者之间的价差是可以今天就锁定的。一般人往往只看到国内市场的价格和差价，你的这个朋友能够把国内的现货价格和国外的期货价格联系起来运作，这说明他比一般人懂得要多一些。"

这位学生接着告诉我："可他后来做亏了，亏得一塌糊涂。破产了，高尔夫球也打不成了。"

我问他："为什么会亏呢？"

他说："当他把国内的铜锭拉到国外时发现铜价涨上去了，他马上把这批铜卖了。可是铜价一直往上涨，他操作的那笔期货却让他亏得很惨很惨，把他在现货上赚的那一点小钱全亏进去了，他亏大了。"

这位铜商的问题出在哪里呢？他的问题主要出在 C 点，即出在了风控上。

他开始做的时候，是做得比较谨慎和小心的。他将现货和期货是套在一起做下来的。他在买入现货的同时卖出期货，前者为多头，后者为空头，两者方向相反，而且数量上也是匹配的。这就是对冲或者叫作保值。这就通过对冲交易将不确定性变成了确定性，这就是风险控制的"路径分析法"。

后来呢？他看到现货价格上涨时卖掉了手中的现货，此时留下的只是孤零零的一笔期货交易了，他不是一个套利者了，变成了一个投机者。他在利用期货工具做投机交易，他的确定性变成了不确定性了，所以他在风险管理上出问题了。

讲清楚了 C 点，再来看 B 点，就是"积木分析法"。这位铜商在现货上做了一笔多头交易，买入铜锭。那么他买铜锭的钱哪儿来的呢？假定他在外汇市场上借入一笔美元，同时将美元换成人民币。他就可以用人民币在国内市场买入铜锭，并出口到国外，一直储存到期货到期时交割出去。这样一来，这位铜商不就有了"积木"了吗？第一块"积木"就是借入美元，第二块"积木"就是用美元买入人民币的即期外汇交易，第三块"积木"就是用人民币买铜锭的现货交易。这三块"积木"拼装在一起就复制出了一笔用美元买入铜锭的期货交易。这就是"积木分析法"，也就是 B 点。

再来看 A 点。A 点是"无套利分析法"。如果期货市场上的期货价格正好与刚才复制出来的价格一样，那么这种期货价格就是无套利价格，超过了这一点的价格，就是可套利价格。套利是没有风险的，套利的结果必然使市场的价格趋向于无套利价格。

那位铜商出问题在哪儿呢？他一开始抓住了"三条鱼"，所以他成功了。后来他只抓住"两条鱼"，放弃了一条，即放弃了风控，结果他就失败了。

他那惨痛的教训告诉我们，还是要"一手要抓三条鱼"。

期货交易是这样，其他的金融工具又何尝不是这样呢？

叶永刚

2020 年 2 月 23 日

于武汉大学

"三位一体"与金融工程套利图

在金融工程套利图的分析方法中，我们反复强调"一手要抓三条鱼"，并且将这三条鱼定义为"定价""创新"和"风控"。

在定价上，介绍了"无套利分析法"；在"创新"上，讲解了"积木分析法"；在"风控"上，讨论了"路径分析法"。

能不能将这三种分析法统一起来，变成一种综合的分析法呢？

可以的！我们将这种方法称为"三位一体法"，或者称为"ABC 三位一体法"。

当讲到 A 点时，只要讲到无套利分析法，其实就是在讲定价的问题。我们是如何形成"无套利价格"的呢？难道不就是运用"积木分析法"来完成的吗？

金融工程师不就是通过"复制"来完成这个过程的吗？任何金融资产都可以运用其他的金融资产来进行复制，这就形成了一种复制与被复制的关系。复制者和被复制者，这二者之间的价格不一致，人们就可以从中套利，如何套利呢？低价买进，高价卖出，这样做的结果，二者的差价，不就都有了吗？无差别的价格不就是无套利价格吗？

无套利分析法和积木分析法，就这样完美地结合起来了。原来无套利的价格就是通过积木分析法的复制方法来形成的。

在这种无套利价格的形成过程中，风控缺席了吗？并没有。它还参与其中。

在这个过程中，如果没有复制者参加，被复制者是存在金融风险的。因为它的价格变化具有不确定性。但是由于有了复制者，这种不确定性就可以变成确定性了。为什么？因为金融工程师在进行这种交易时，复制者和被复制者的交易方向是相反的，这就是所谓的对冲交易，其风险是相互抵消的。低价买进，高价卖出，金融工程师永远在合理地赚取差价，即使没有差价，也不会给他带来亏损。

这就是金融工程师创造财富的"绝活"或者说是奥妙！

在这里，不确定性已经变成确定性，这不就是"路径分析法"吗？风险管理路径之一就是要将不确定性变成确定性。

因此，金融工程师在面对各种交易活动和资产管理活动时，这种分析法其实就是融于一体的，我们在讲这三种方法中的任何一种方法时，其实也就是在讲其他的两种方法。

这种"三位一体"分析法的基本原理已经完全体现在金融工程套利图中

了，正因为如此，所以我们在分析金融工程体系中的任何一个部分时，都应该学会运用这种"三位一体"的综合分析法。

　　还是我们常说的那句话：金融工程就是要"一手抓住三条鱼"！

叶永刚

2020 年 2 月 21 日

于武汉大学

第三章　金融工程套利图与课程体系

金融工程方法论及其课程体系分析
——在中国教育部金融专业教学能力训练营讲话稿

各位老师，各位朋友：

大家好！我是武汉大学的叶永刚。

首先感谢大家对我和坚守在武汉的老师们的关心、问候和支持，同时感谢大家给了我这次与各位进行学习和交流的机会！大家都是内行，都有多年从事金融教学和科研的丰富经验，我说得不对的地方，请大家多多批评。

我今天向大家汇报的题目是《金融工程方法论及其课程体系分析》。我在这里要说明一下，我们在这里讨论的课程体系，不是整个学科的课程体系，而是金融工程概论这门课程的课程体系。我在这里主要讲以下四个方面的内容：

（1）基本概念：回答金融工程是什么。

（2）方法论：回答金融工程到底运用哪些方法来分析和解决问题。

（3）课程体系：回答本课程主要内容及其相互关系。

（4）年会安排：介绍第十九届金融工程年会及其学科建设相关活动安排。

我们首先看第一部分的内容：基本概念。

我们通常的说法是，金融工程是创造性地运用各种金融工具和策略来解决金融财务问题的综合性学科领域。我个人认为讲基本概念，一定要弄清楚目的和手段的统一性。我们的目的是解决金融财务问题，我们的手段是金融创新。金融财务问题是什么问题？一是要赚钱。二是要控制风险。因此，从这个意义上讲，金融工程就是要在控制风险的前提下，通过金融创新来创造财富。

因此，我可以告诉每一位听众：

金融工程从基本概念上讲，它是创造财富的源泉。学习金融工程就是要去探索财富之源，就是要琢磨如何去创造财富，用一句通俗的话来讲，就是如何赚钱。

我们再来看第二大部分：主要研究方法。

首先来看这个图形。

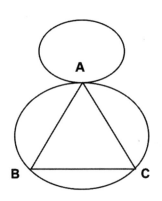

图 3-1　金融工程套利图

我把这个图形称为金融工程套利图。

大家不要看这个图形简单，这可是我花了几十年的时间才琢磨出来的一点东西，这个图形大概是第一次跟大家见面吧！它今后很有可能比我的生命力还要顽强呢！

这个图形说了些什么呢？

这个图形首先是"一点论"。它告诉我们金融工程的研究目的，就是上面的那个小脑袋，我们将这个小脑袋叫作套利空间，就是要创造财富。

这个图形也是"两点论"。下面的圆圈像个大肚皮，代表金融工程的手段，两个圆圈连在一起，反映的是金融工程的基本概念，叫作目的与手段的统一。

这个图形也是"三点论"，B、C 两点代表阴阳平衡、对立统一，即"辩证法"，而 A 点代表平衡条件。

ABC 三点都在大肚皮里面，代表手段。我们称之为"一手抓住三条鱼"，哪"三条鱼"？

第一条鱼 A 点：无套利分析法，要解决金融工程的定价问题。

第二条鱼 B 点：积木分析法（也叫作复制分析法），要解决金融创新问题。

第三条鱼 C 点：路径分析法，要解决风险管控问题。

无套利分析法是核心分析法，实际上是告诉我们如何套利，我们之所以要找到无套利价格，就是要告诉大家，除了那一点，所有其他的地方都是套利机会，都是可以赚钱的机会。

如何赚钱，这就用到积木分析法了，积木分析法实际上是金融创新的方法和规律，所有金融工具都可以像小孩搭积木一样复制出来。

如何在控制风险的前提下赚钱？这就是路径分析法了，金融风险是不确定性。金融工程控制风险的路径有两条，一条是将不确定性变成确定性，所有的线性工具都可以这样去做。另一条是限制不确定性的不利方面，而保留其有利方面，所有的非线性工具都可以走这条路。

可见，这三种方法是紧密联系的。他们所体现的就是唯物辩证法中的对立统一及其转化条件。

因此我们可以说，金融工程方法论所体现的正是一种哲学思维方式！

接下来我们就是要用这种哲学思维方式来分析整个课程体系。看看课程体系中的每一个部分，如何体现方法论，如何体现"一点论""两点论""三点论"，特别是"一手抓住三条鱼"的基本思想！

除了"一点论""两点论""三点论"之外，这个图形也是一种系统论。它所体现的是老子在道德经中的基本思想，即"一生二，二生三，三生万物"。"三条鱼"是通过各种具体工具和策略来实现的。这些具体工具和策略在解决实际问题时，就形成一个又一个的具体方案和一种又一种的管理模式。

我们再来看第三大部分：课程体系。

课程体系由四大部分构成：①概论；②工具论；③微观结构论；④宏观结构论。

概论部分已经讲过了，主要是基本概念和方法论。

先从工具论说起吧。

在工具论中，只要讲清楚一句话，所有的问题就都可以讲清楚了，这句话叫作"三位一体"。

哪三位？一位是 A 点，叫作定价；二位是 B 点，叫作创新；三位是 C 点，叫作风控。任何一个金融工具，这三者都是联系在一起的。

我第一次出国是 1996 年，我花了一年的时间，在康奈尔大学学习，有一天晚上我终于明白了期权定价公式的数学推导，我兴奋得一个晚上都没有睡着，因为这个问题折磨了我起码十几年的时间。

第二次出国是 2004 年，我在亚特兰大待了半年，当时正值《金融工程原理》出版。那本书让我恍然大悟，原来期权定价公式是一种商业秘密，谁掌握这种工具，谁就找到了一种谋生的手段！

定价是告诉您，如何找到套利机会；创新是告诉您用什么工具套利；而风控是告诉您，如何将复制者和被复制者进行对冲。这三个东西，说的是一回事！

因此我们说，从工具论上讲，金融工程是一种赚钱的商业秘密，学好了它就可以成为出色的交易员、做市商和风险分析师。再来看微观结构论，这一部分又是如何"一手抓住三条鱼"的呢？

我于 2004 年到美国佐治亚州立大学进修金融工程与风险，佐治亚州立大学风险管理专业很厉害，我当时在那里接触到了经济资本管理体系。

我们过去从工具论到公司论，主要分析公司金融，特别是公司金融中的风险管理，包括如何用风险管理、市场风险管理、操作风险管理等。但是经济资本管理体系是在此基础上来创造企业的经济增加值，它是在计算出风险溢价之后，再计算出调整风险后的收益率，用绝对值表示，这就是经济增加值。这一套办法就真正抓住"三条鱼"了，一是"借"，可以融资了；二是"还"，风险可控了；三是"赚"，有风险调整后的收益了！

因此掌握了经济资本管理体系，就抓住了"三条鱼"。我们可以说金融工程是一种职场法宝，学好了它就可以成为一个出色的企业家和金融家，就可以凭借这种本事找到工作，而且可以找到很不错的工作。

宏观金融结构论，这个部分又是如何"一手抓住三条鱼"的呢？

2010 年春天，我第四次到美国做学术交流，当时距 2007 年的国际金融危机已有三年之久。我记得，我当时用不太熟练的英语口语告诉美国的专家学者，社会主义如何拯救资本主义，即中国是如何处理金融风险的，中国的国际贸易是如何帮助美国走出困境的。

由于这次金融危机，我们开始重视宏观金融风险的研究，我们感谢美国的格雷等人，他们用国家主权资产负债表来分析宏观风险。我们进一步将国家主权资产负债表拓宽为宏观资产负债表，从而将宏观分析建立在微观分析的基础上，我们不仅用宏观资产负债表来分析宏观金融中的风险，而且构造了宏观经济资本管理体系、产业金融工程体系、区域金融工程体系等。

这就使我们在宏观结构上可以"一手抓住三条鱼"了，因此我们将微观的经济资本体系运用到了宏观经济领域。

后来我们在进一步实践的过程中，又遇到了"李翔三问"，即钱从哪里来？钱往哪里去？钱的风险如何控制？

这三问充分体现了我们的"三条鱼"思想。

钱从哪里来？我们有 B 点，有金融创新。

钱往哪里去？我们有 A 点，有调整风险后的收益。

钱的风险如何控制？我们有 C 点，有宏观经济资本管理体系。

因此在宏观结构论上，我们可以讲，金融工程就是一种领导艺术，它可以使我们的领导者成为出色的政治家，它可以使我们的政治家面临大事有静气，可以使他们攻无不克，可以使他们稳操胜券！

在第三大部分，还要讲一下方法论的一致性问题。

金融工程核心的方法论是资产定价，在工具论中，将工具当作一种资产。到了公司论中，公司有资产负债表，因此也有了资产定价的基础。再到宏观结构论，又有了宏观资产负债表，所以我们在方法论上就有了一致性，就统一起来了。中国气派的宏观金融工程体系，也就可以建立起来了。

最后再讲一下金融工程的培养目标问题。

金融工程这门学科就是要培养金融工程师，我们要培养什么样的金融工程师呢？我认为可以从三个方面分析：

1. 学好了成功学的金融工程师，要有真本领。

2. 学好了生命学的金融工程师，要有一个好身体。

3. 学好了社会学的金融工程师，不要变成精致的利己主义者。

老师必须给学生灌输这三种思想，学生必须成为"三好生"，这才是我们真正的目的和最终的目标。

讲到这里，我们不妨这样小结一下前面所讲过的内容。

金融工程从基本概念来讲，它是一种创造财富的源泉。

从方法论来讲，它是一种哲学思维的方式。

从工具论来讲，它是一种商业秘密。

从微观结构论来讲，它是一种职场法宝。

从宏观结构论来讲，它是一种领导艺术。

从综合性来讲，它是一种社会责任。

我们最后讲第四部分的主要内容：年会及主要安排。

金融工程学年会在大家的同心协力之下，已经走进了第19个年头，这些年我们从无到有，从微观走到了宏观，从理论走到了实践，从地上走到了天上，从国际化走到了本土化。我们目前正在从引进走向引领，从专业化走向社会化，从增长走向发展。

今年的年会时间定在2020年8月23-24日，地点在美丽的哈尔滨，将由哈尔滨商业大学和中央财经大学联合举办。

这次年会将与高教社一起举办教材建设专题讨论会，将完成和总结金融工程教材出版工作，将完成教材的使用和修订工作，将主办骨干教师培训等。

目前正值抗疫期间，希望大家多多保重，珞珈山的樱花在期待着你们的到来，哈尔滨之夜在期待着你们的到来，美丽的松花江和太阳岛也在期待着你们的到来！谢谢，谢谢大家！

叶永刚

2020年3月7日

于珞珈山

中国金融工程基本概念与金融工程套利图

我们平时采用最多的是武汉大学金融工程概论上的概念："金融工程指创造性地运用各种金融工具和策略，来解决人们所面临的各种金融与财务问题。"

这个定义和大多数其他定义都是着眼于美国约翰·芬勒提的定义："金融工程包括各种创造性工具和金融工具的设计开发与实施，以及对解决金融问题的各种创造性方案的配置。"

从这些定义可以提取出最基本的两个要素：

1. 金融创新；

2. 金融问题解决方案。

什么是金融问题？金融要解决什么问题？金融问题也被称为金融财务问题。金融主要涉及四大经济主体：个体（或家庭）、企业（或公司）、金融机构和政府。个体将金融叫作理财，企业称之为财务，金融机构称之为金融，政府称之为财政。我们可以统称为金融与财务。

金融所解决的是金融与财务问题。那什么是金融财务问题呢？最主要的是两个要素：

1. 风控；

2. 盈利。

微观是盈利，而宏观称之为国民收入。我们平时用得最多的指标是 GDP，即国内生产总值。

盈利的问题是和"定价"的问题联系在一起的，用专业化的语言来说，金融财务问题的本质就是要解决风险管理和定价的问题。用更专业的金融工程学术语言来说，就是要解决定价与风险溢价的问题。用数学语言来说，就是要解决一阶矩和二阶矩的问题，更明确地说，就是要解决期望值和标准差的问题。

于是，我们可以将以上的两个要素改写为：

1. 风控；

2. 定价。

我们接下来再将"金融创新"与"金融财务问题"联系起来分析，"金融创新"是手段，而"金融财务问题"是目的，金融工程的概念是要解决手段与目的的统一性问题。二者的统一涉及三个最关键的要素：

1. 金融创新；

2. 金融风险控制；

3. 金融资产定价。

这三个要素可以用最概括最简单的语言来表述：

1. 创新；

2. 风控；

3. 定价。

以上的分析说明，要理解和掌握金融工程的基本概念，最重要的就是要抓住这"六字箴言"：创新，风控，定价！

这"六字箴言"和金融工程套利图有关系吗？

有！有很大关系呢！

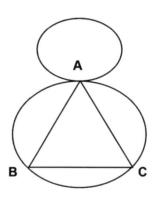

图 3-2　金融工程套利图

用哲学语言：

A：平衡点

B：正能量

C：负能量

用经济语言：

A：损益平衡点

B：收益

C：成本

用金融学语言：

A：金融资产定价

B：金融创新

C：金融风险管理

用金融工程语言：

A：无套利定价

B：调整风险后的收益

C：风险溢价

用金融工程哲学语言：

A：突破 A 点

B：创新 B 点

C：控制 C 点

这种金融工程哲学语言用一种更通俗的语言来讲，就是要"一手抓住三条鱼"：风控、创新和盈利！

盈利是突破 A 点的结果：

1. 哲学语言：净正能量；

2. 经济学语言：净收益；

3. 金融学语言：净利润；

4. 金融工程语言：经济增加值；

5. 金融工程哲学语言：套利空间。

这不就是金融工程套利图所要表达的基本思想吗？

请再看一下金融工程套利图。

请再念一下六字箴言：风控、创新、盈利！

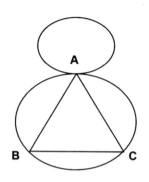

图 3-3　金融工程套利图

请记住最简洁明快的一句话："一手抓住三条鱼"！

叶永刚

2020 年 2 月 19 日

于武汉大学

金融工程研究目的、手段与金融工程套利图

金融工程指的是创造性地运用各种金融工具和策略来解决金融与财务问题的综合性学科，并且它是目的与手段的统一。

金融工程研究目的到底是什么？能否运用金融工程套利图来揭示？

可以先从金融工程的研究对象说起。能不能说金融工程的研究对象就是金融资产呢？如果将金融工程的研究对象锁定在金融资产上，那么研究的目的就是要提高这种资产的净收益。

这种净收益，在金融工程套利图中，不就是套利空间吗？

套利空间可以分为两大类：一是正套利空间，二是负套利空间。

我们所要达到的目的不仅是正套利空间，而且还要努力去扩大正套利空间，使其尽可能最大化。

金融工程套利图是用两个圆圈来表示的，上面的那个圆圈就是"套利空

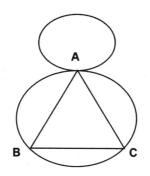

图 3-4　金融工程套利图

间"，看起来就像一个"小脑袋瓜"，我们的目的就是要设法将这个小脑袋瓜做成"大脑袋瓜"。

如何才能做出这个"大脑袋瓜"呢？这就涉及目的和手段的关系问题了。其实可以通过金融工程套利图的下圆来分析手段问题。

下圆中间放着一个三角形，三角形上标示着 A、B、C 三个点。这就是手段，就是我们所讲的"一手要抓住三条鱼"的思想。

A、B、C 三点代表定价、创新和风控。我们研究的目的就是要创造出套利空间来。如何创造？控制 C 点，创新 B 点，突破 A 点，抓住这三个手段不就可以达到我们的目的了吗？

目的和手段就这样统一起来了，这种统一性就是金融工程套利图中的两个圆圈之间的关系。解决了这两个圆圈的关系，也就解决了如何运用手段去达到目的的问题了！

让我们用最简洁明了的语言，再来表述一遍：

目的：大脑袋瓜；

手段：一手抓住三条鱼；

目的与手段的关系：一个脑袋瓜和三条鱼的关系！

叶永刚

2020 年 2 月 22 日

于武汉大学

积木分析法与金融工程套利图

什么是积木分析法？它与金融工程套利图是什么关系？

积木分析法指的是像小孩堆积木一样，进行金融产品创新的办法，也被称为金融产品复制方法。按照金融工程的基本原理，任何一个金融产品或者金融资产组合都可以通过其他的金融产品或者资产组合来进行复制。

这种复制方法按其调整的频率又可以划分为静态复制和动态复制两种类型。前者从起点到终点仅仅进行一次调整，后者则在全过程进行不止一次的调整。

再换一种说法，积木分析法也是金融创新的方法。它研究金融创新的规律及其应用。

如此说来，它与金融工程套利图的关系就十分清楚了。

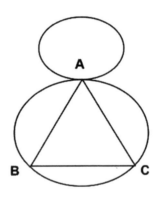

图 3-5　金融工程套利图

如果说，我们在分析无套利方法时，研究的主要是 A 点的问题，那么，我们在这里，主要也是研究 A 点的问题。

从实质上讲，金融工程专业所要研究的对象无非是一种"资产"。首先要考虑的问题之一就是如何提高这种资产的收益。

如何提高资产的收益呢？金融创新！

什么是金融创新？金融要素的排列组合！用工程化的语言来讲就是路径的选择与优化。

我们用外汇市场上的金融产品来说明这个问题。假定我们面临着一笔外汇即期交易，比如说需要用人民币购买美元。这种金融产品既可以直接用人民币去买美元，也可以运用其他的方式达到同样的目的。可以列出以下几种路径：

1. 人民币购买美元；

2. 先以人民币购买日元，再以日元购买美元；

3. 先以人民币购买欧元，再以欧元购买美元；

4. 先以人民币购买日元，再以日元购买欧元，最后以欧元购买美元；

这四种交易方式都可以达到同样的目的，即用人民币购买美元。换句话说，就是用人民币购买美元这种即期交易的金融产品，可以运用多种其他的交易方式来进行"复制"。

不仅人民币购买美元的即期外汇交易可以这样做，按照金融工程的原理，在一个完整的金融市场上，所有的金融资产都可以运用其他的金融资产来进行复制。

这就是积木分析法的要义。你有一种产品，我可以像堆积木一样，用其他的产品给你再堆出一个现金流与你一样的金融产品来！这就是金融工程的路径选择。然而，金融工程不仅要有路径选择，而且还要有路径优化！

我们还要在所有这些可以选择的路径中找出一条优化的路径来。所谓"优化的路径"，就是要找出比其他的路径更好的路径。用什么尺度来衡量什么是最好的路径呢？这就是经济学中的"成本收益法"了。同样的成本看哪一条路径的收益率最高。同样的收益，看哪一条路径的成本最低。用数学语言来讲，路径选择使用的是"排列组合法"，而路径的优化使用的则是"偏导数"！

看来，金融工程套利图中的这个 B 点，名堂还真不少！创新，特别是金融创新，可是金融发展的动力！

写到这里我不由得又想起了一件往事。

我的博士生导师谭崇台先生给我那一届博士研究生第一次上课时讲到

"如何才能成为一个优秀的博士生"时，曾经说过"古人云：苟日新，日日新，又日新。希望各位每天都要像在洗脸盆里洗脸一样，不断地创新、创新、再创新"。创新是中华民族的文化传统，也是我们武汉大学的校训，也是老师对我们学生的谆谆教诲。写下这段往事，就是一个心愿：我们共勉之！

叶永刚

2020 年 2 月 20 日

于武汉大学

资产定价与金融工程套利图

刚刚写完了《乡村振兴金融工程笔记》，想到了金融工程的哲学基础问题，想到了资产定价，想到了金融工程套利图，想到了资产定价与金融工程套利图之间的关系。

我想金融工程的哲学能不能中西结合，中学为体、西学为用呢？西学为用的一个重要思想基础，就应该是唯物辩证法。唯物辩证法与中国的传统文化竟有着千丝万缕的关系。中国传统哲学思想，特别是《易经》思想，不也有朴素的辩证法思想吗？

正是基于这些思考，我们在研究金融工程的过程中，提出了金融工程套利图的构想，并且这次在写作《乡村振兴金融工程笔记》的过程中，将这金融工程套利图运用到了乡村振兴的各个层面。

写好这本书，我觉得意犹未尽，一个问题萦绕在我的心头，资产定价和金融工程套利图之间是什么样的关系。

从金融工程的层面来看，资产定价是金融工程的理论基础，而宏观金融工程的理论基础是宏观资产定价理论。乡村振兴金融工程的理论基础当然就是乡村资产定价理论了。

可是乡村资产定价理论和金融工程套利图之间的关系如何确定呢？

乡村就是一个大资产，乡村资产定价的问题无非就是金融工程套利图中的 A 点问题，确定了 A 点，就解决了资产的定价问题。

A 点问题是和 B 点、C 点联系在一起的。

A＝B＋C。

这不就是金融工程的"一手抓住三条鱼"的"三条鱼"吗？

我们寻找 A 点并不是要躺在 A 点上睡大觉，而是要爬起来，冲过去，要突破 A 点！

如何突破 A 点呢？

我们将"三条鱼"进一步具体化为"突破 A 五招"。

即 A 点突破的五个突破口，或称之为五个"切口"：

1. 加法；

2. 减法；

3. 乘法；

4. 除法；

5. 乘方法。

有了这五个切口，我们就可以解决宏观金融工程中的"两条腿"问题。

一条腿是"产业化"，另一条腿是"城镇化"。这两个问题解决了，乡村振兴和扶贫的问题也就解决了。

由此看来，唯物辩证法的哲学思想和中国阴阳平衡的哲学思想在金融工程中的应用就是资产定价，而资产定价在套利图中的体现就是 A 点了！

叶永刚

2020 年 2 月 3 日

正值抗击新冠病毒

于武汉大学

无套利分析法与金融工程套利图

如果说，金融工程从总体目标来看是要解决套利空间的问题，那么，从无套利分析方法来看，它要解决的主要是定价问题。

我们在前面反复强调过，要"一手抓住三条鱼"，第一条鱼实际上就是"定价"！

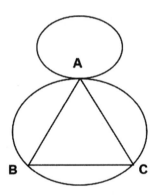

图 3-6　金融工程套利图

定价问题就是图 3-6 中 A 点问题，无套利的价格就是 A＝B＝C，如果我们用 y 表示套利空间，在 A＝B＝C 的条件下，就会出现 y＝0。从前面的分析，我们知道，A＝B-C。从这个公式可以看出，y＝0 就是 A＝0，A＝0 的条件是B＝C。

找到了 A＝0 的条件，就是找到了无套利的价格。找到了无套利的价格，也就是找到了套利价格。因为所有不是无套利价格的价格，都是套利价格！从这个意义上说，研究无套利价格就是研究"套利的艺术"，也就是金融工程的魅力所在！

写到这里提醒大家注意三个关键词：寻找，发现，创造。

之所以运用无套利分析法就是要去"寻找"无套利价格。之所以"寻找"无套利价格，就是要去"发现"套利价格。不仅要"发现"套利价格，而且还要去"创造"套利价格！

套利价格是可以"创造"的吗？是的！

由 A＝B-C，所以 A 不仅可以是 A＝0，而且可以是 A>0 或者 A<0。如果用"套利空间"的术语来表达，A＝0 就是套利空间为 0，A>0 为正套利空间，A<0 为负套利空间。

我们面对的任何一种"资产"，要么 A＝0，要么 A 不等于 0，不等于 0 意味着 A>0 或者 A<0，无非就是这三种情况。

所谓"发现"套利价格无非就是发现这三种情况。在这三种情况下，A>0 就是我们看到的"正套利空间"。其他的两种情况并不能直接看到这种"正套利空间"。

能不能在"发现"的前提下再来"创造"呢？也就是要在没有"正套利空间"的条件下创造出"正套利空间"来，或者在现有的套利空间下创造出更大的"正套利空间"来！

具体来看我们所要面临的三种情况。如果我们发现 y＝0，可以想办法让 y>0；如果 y<0 也让 y>0；如果 y>0，那就是扩大 y>0 的幅度，使其产生更大的"正套利空间"。

如何创造"正套利空间"或扩大"正套利空间"呢？

关键在于调整 B 与 C 之间的关系！

我们知道 A＝B-C，并且知道 B 代表创新带来的收益，C 代表各种成本。那么，运用金融学的成本收益分析法来增加 B 和减少 C 不就可以达到这个目的了吗？

如何增加 B？如何减少 C？这不仅是一个经济学的问题，而且是一个管理学的问题。

管理学一半是科学，一半是艺术。这样一来，"创造"套利的问题也就变成了"科学+艺术"的模式了！这个问题也就成为金融工程学贯穿始终的问题了！

说到这里，大家不难看出，所谓"无套利分析法"就是金融工程套利图中的"A 点论"。"A 点论"从哲学上讲也就是"条件论"。我在这里想到了大庆油田的铁人王进喜，想到了他那句十分豪迈的话："有条件要上，没有条件创造条件也要上！"

这句话就是结论！

叶永刚

2020 年 2 月 20 日

于武汉大学

套利空间与套利

套利是金融学和金融工程中的又一种交易活动。这种交易活动利用同一市场或不同市场的价差来赚取利润。套利不同于套利空间的地方在于后者是前者的结果，即套利空间是套利所获。

套利有两种基本形式，一种是保值套利，一种是未保值套利。前者也叫抛补套利，后者也叫未抛补套利。

还是用"茶杯理论"来讲述这个道理。

比如说，茶杯交易商在现货市场买进一个茶杯的同时，在远期市场卖出一个远期茶杯，这就是一笔远期保值的套利交易。如果现货的价格为 1 元，远期的价格为 1.2 元，而资本市场上的年化利率为 10%，远期期限也为一年。在这种情况下，交易商借入资金，买入现货，同时按远期价格卖出远期茶杯。这就锁定了茶杯交易 20% 的收益率。这个所赚取的 10% 的利润是没有风险的。收益率为 20%，成本为 10%。10% 的收益率为平衡点，超过这一点的收益率形成的利润为"套利空间"，或者为"正套利空间"。

那么，未保值套利是怎样进行操作的呢？

交易商买进一个茶杯时，不是在远期市场上出售，而是拿着茶杯等着涨价。涨上去了，就赚了。跌下来了呢？那就亏了。这就是未保值套利。未保值套利是存在风险的。

一般而言，如果没有加以说明，我们所指的套利是指保值套利，即控制了风险的套利，而不是指未保值套利。未保值套利带着一定的投机性。从这个意义上讲，保值套利和未保值套利之间的差别也就是保值和投机之间的差别。前者的套利空间是确定的，后者的套利空间是不确定的。运气好，可能形成了"正套利空间"；运气不好，有可能形成的就是"负套利空间"。

下面举一个跨境套利的例子来说明吧。

有一年我给博士研究生上金融工程专题课，有一个学生在课堂上讲了一个故事。他说他的一个好友过去从事铜产品跨境交易，日子过得很舒服，每个月都可以去打高尔夫球。

为什么他的日子能够过得如此轻松呢？就是因为他跨境交易赚钱。他在中国市场用人民币买入铜现货，然后出口到境外，在境外市场卖出外币计价的铜期货，从而赚取国内铜现货和国外铜期货之间的差价。

如何赚取这两者的差价呢？

国内铜现货用人民币计价，可以按照市场上的即期汇率折算成外币，将这种外币现货价格与外币期货价格进行比较，其铜交易的资产收益率就很清楚了。我们再将这种收益率与其资金成本进行比较，就可以发现这种"套利空间"了。有"套利空间"了，不就可以像前面所说的那样进行套利吗？

由于这里做了一笔期货，价格锁定了铜在将来的价格，这笔交易就成了一笔完全的保值套利交易。这就是这个铜交易者过上了好日子的原因。

但是，我的这个学生告诉我，他的这个好友后来又过上坏日子了。因为他把现货铜运到境外后，看到境外的现货铜价格不错，于是他为了赚取这个差价，马上将现货铜在现货市场上卖了。他在现货市场上占了这个"小便宜"，但是，他在期货市场上吃了"大亏"。因为他原先在国内买入现货铜时，同时在国外卖出了一批期货铜。国内的现货铜一到了境外就被他卖掉了，但是这个铜的现货价格往上涨了，超过了他先前所卖出的期货价格，这就使他的空头期货铜吃了"大亏"了。

在这个交易过程中，他将套利交易变成了投机交易。他不仅对现货交易进行投机，而且对期货交易进行投机。由此可见，在套利交易和投机交易中并没有一条天然的"鸿沟"。把握得不好，保值套利就变成未保值套利了！有保障的"正套利空间"很有可能就会变成无保障的"负套利空间"。

这个铜交易商为什么会大起大落呢？

这就是由人的欲望造成的。铜交易者不仅希望过好日子，而且希望"一夜暴富"，在他看来，套利空间能够给他带来的利润太少了，满足不了他的欲望，他要赌一把了，所以他才把套利变成了投机。

切记，投机可是需要"运气"的！那可不是你自己一个人说了算的！这就是很多人倾家荡产的原因！

人啊人！你知道吗？只有保值套利带来的"套利空间"，才是可靠的"套利空间"啊！

叶永刚

2018 年 5 月 28 日

于珞珈山

套利空间与保值

保值是今天锁定今后商品买卖价格的一种交易活动。这种保值可以用远期交易来做，也可以用期货交易或其他衍生金融工具来做。我们在这里选取远期交易中的保值问题。远期交易的保值问题讲清楚了，其他的问题也就好理解了。

还是以"茶杯理论"来讲保值和套利空间之间的关系。

假定今天生产一只茶杯的成本为 1 元钱，市场的现货价格为 1.2 元钱。今天算账，这笔生意是赚的，利润是 20%。借钱来做这笔生意的利息成本是 10%，除掉成本，还可以赚取 10% 的利润。但是，这是你今天算的账，市场上的商品价格是变动着的。等到你的商品生产出来时，每只茶杯的价格可能已经跌到 1 元钱以下，这时又不赚钱了，而且还会亏损。这就是茶杯生产的价格风险。

有没有办法在今天就固定今后的价格呢？

当然有办法，今天就可以做一笔远期交易，固定今后的茶杯价格。比如说，今天在市场上可以发行一年的远期价格为 1.2 元。可以在市场上按 1.2 元做一笔茶杯远期交易，锁定茶杯日后的价格。

这样一笔交易做和不做是不一样的。做了，就没有价格风险了。不做，到期的收益就很难保证。

这样做了，茶杯资产的收益率为 20%，资金成本为 10%，这就有 10% 的利润了，这个利润就是我们所说的利润空间，而且是"正利润空间"，是有保障的"正利润空间"。

我们将这种远期交易叫作"空头保值套期交易"。如果我们不是面对茶杯的供应方，而是面对茶杯的需求方，比如说是一个酒店需要在一年后购买一只茶杯呢？

我们这时就需要做一笔多头的远期茶杯交易，提前就锁定茶杯的日后价格。这是茶杯的多头远期保值交易。如果我们这样来锁定远期的购物成本，同样可以将这种成本与其收益进行比较，并找到"套利空间"。

我们运用远期保值交易，完全可以锁定供求双方的收益和成本，从而确定收益和成本相等的平衡线，并且确定其"套利空间"。

套利空间和保值空间之间的关系，就这样又一次运用"茶杯理论"说清楚了！经营管理活动就可以在控制价格风险的前提下进行了！

叶永刚

2018 年 5 月 28 日

于珞珈山

套利空间与投机

投机是指利用市场的价差进行买卖从中获取利润的交易行为。学习金融和金融工程的人必须对投机、保值和套利这三个概念有非常明确的界定和把握。这三个概念说的不是一回事，千万不要搞混淆了。保值是今天锁定今后的价格，套利在锁定风险的前提下赚取价格差。投机与投机倒把也不是一回事，投机是一种合法的交易行为，而投机倒把是指非法的交易行为。

在这里不过多地讲投机，而是要讲套利空间与投机的关系，以帮助大家更好地理解投机的本质。

投机可以划分为最基本的两种交易，一是多头交易，二是空头交易，前者是估计价格有可能上涨而先买后卖的交易，后者是估计价格会跌而先卖后买的交易。看对了，赚；看错了，亏。

在前面章节中曾经通过"茶杯理论"介绍过多头交易，现在再通过"茶杯理论"来介绍空头交易，并且，进一步分析空头交易与套利空间的关系。

我们先讲自己有茶杯的空头交易，然后再讲自己没有茶杯的空头交易。

假定茶杯现在的现货价格为每只1元，交易者估计茶杯价格会下跌，于是，他先将自己的茶杯按1元的价格卖出，接下来茶杯价格果然下跌了，跌到每只0.5元。于是他按0.5元的价格买进这种茶杯。过去，他有一只茶杯；现在，他依然有一只茶杯，但是，通过这种交易活动，他赚取了0.5元的利润。

这是在讲有茶杯而做空头交易的故事。没有茶杯呢？同样可以做空头交易。

假定他估计茶杯价格要跌，他可以先借进一个茶杯，按市场上1元的价格卖出，等到茶杯跌到0.5元时，他再买入一只茶杯。然后，用买入的茶杯去还掉借进的那个茶杯。他还是没有茶杯，但是，他通过这种交易活动赚取了0.5元的利润。

这种自己一无所有而来进行茶杯空头交易的，才是我们在金融学和金融工程里所讲的真正意义上的空头交易。实际上，有茶杯、无茶杯从金融的意义上讲是一样的，因为借别人的茶杯和借自己的茶杯，道理都是一样的。

无论是做茶杯的多头交易还是空头交易，目的只有一个，就是要赚钱。但是，赚这种钱是有风险的，看对了就赚，看错了就亏。谁也不是神仙，孰能无过失。因此，一旦你决定做投机交易，就要有风险的概念，不仅要赢得起，而且要输得起。否则，离它越远越好！

无论是做多头交易还是空头交易，一定要算成本收益账，多头和空头都是赚取价格差。

首先来看多头交易。

我们借 1 元钱，买一个茶杯。茶杯现货价格涨到 1.2 元。你在茶杯多头交易上赚取了 20%的收益。但是，你借入资金时有成本，假如成本为 10%，你赚取了 10%的利润，这个 10%是收益超过成本的部分，这就是"套利空间"，而且将它称为"正套利空间"。

现在，茶杯价格不是涨到了 1.2 元，而是下跌到 0.8 元，多头交易者看错了价格变动的方向，这笔多头交易不仅不赚钱，而且亏钱了。价格从 1 元钱跌到 0.8 元，交易者的亏损为 30%，因为他除了 20%的价格损失之外，还有 10%的利息损失。

在利率为 10%的情况下，1.1 元的价格，平衡线价格为 1.1 元，他不赚不亏；价格超过 1.1 元，形成正套利空间；低于 1.1 元，形成负套利空间。

价格低于 1.1 元时，他能不能换一种操作方法，让负套利空间转化为正套利空间呢？

完全可以！

他可以将买卖的方向倒过来，将多头交易变成空头交易。不是先买后卖，而是先卖后买。先按市场的现货价格 1 元钱卖出，再按低于 1.1 元的价格，比如 1.05 元的价格买入，在价格差上亏了 0.05 元，但是卖出现货的现金收入是可以在金融市场上赚取 0.1 元的利息的，因此当价格变为低于 1.1 元时，他只要这时做的不是多头交易，而是空头交易，就可以将负套利空间变成正套利空间了。

因此，对于投机者来讲，他既不怕价格上涨，也不怕下跌。上涨，他可以做多头交易；下跌，他可以做空头交易。他怕的是什么呢？他怕的是看错了方向！这叫作运气，运气是老天爷说了算，而不是自己说了算。所以说投机是有风险的，而且，还可以说，投机是一种"奢侈品"，没有闲钱是不宜做投机的。特别对于低收入人群来说，是不应该用过日子的钱来做投机的！

这样就讲清楚套利空间与投机之间的关系了。看对了价格变动的方向，就是正套利空间，否则就是负套利空间，关键是要算一算成本收益账。

叶永刚

2018 年 5 月 28 日

于珞珈山

无套利分析及其在金融工程课程教学中的应用

——2021 年 12 月 25 日上午，在第三届（2021 年）中国
高校金融教育金课联盟峰会上的主题演讲（摘要）

尊敬的领导、各位同行和朋友们：

大家好！感谢中国高校金融教育金课联盟，感谢山东财经大学给了我这次同大家一起学习交流的机会。我的发言题目是《无套利分析及其在金融工程课程教学中的应用》。

一、无套利分析法的理解与解读

（1）无套利分析法是金融工程的核心方法；

（2）无套利分析法的目的是"有套利分析"；

（3）无套利分析法的手段是"积木分析法"；

（4）无套利分析法是理论与实践的统一。

二、无套利分析与金融工程的定义

（1）金融工程定义：创造性地运用各种金融工具和策略解决金融财务问题。

（2）金融财务问题就是目的，就是"有套利分析"，微观就是利润，宏观就是利润之和，即 GDP。

（3）运用各种金融工具和策略就是手段，手段就是积木分析法，就是复

制方法，就是静态复制方法和动态复制方法。

（4）金融工程定义强调的是目的与手段的统一，而无套利分析法体现的是目的的实现与手段的应用。

三、无套利分析法与"工具论"

（1）无套利分析法与"定价法"；

（2）无套利分析法与"风险管理"；

（3）无套利分析法与"三位一体"。

四、无套利分析法与"公司论"

（1）无套利分析法与公司资产负债表；

（2）无套利分析法与调整风险后的收益率；

（3）无套利分析法与"A＝r"；

（4）无套利分析法与经济资本。

五、无套利分析法与"政府论"

（1）无套利分析法与"宏观资产负债表"；

（2）无套利分析法与"宏观经济资本"；

（3）无套利分析法与宏观经济发展战略。

六、小结

无套利分析法是金融工程核心方法。它是无套利分析和有套利分析的统一，是目的和手段的统一，是宏观方法和微观方法的统一。无套利分析法体现了金融工程的基本内容，并且贯穿于金融工程的整个课程体系。

无套利分析法在"工具论"层面体现了"三位一体"的内在联系。

无套利分析法在"公司论"层面强调了风险与收益之间的平衡。

无套利分析法在"政府论"层面突出了宏观和微观方法的一致性。

如果在金融工程课程的教学中抓住了无套利分析法这个"牛鼻子"，我们就可以让学生们提纲挈领、全面系统地掌握所学内容，并且将这些学生们培养成为真正意义上的金融工程师，甚至成为真正意义上的"金融工程大师"了！

　　谢谢大家！

叶永刚

2021 年 12 月 25 日

于珞珈山

第四章　金融工程套利图与创新

套利空间"工具论"

为什么我们在这里要谈"工具论"或者"金融工具论"呢？

因为"金融工具"对于金融工程太重要了！金融工程是靠金融工程师去实施的。金融工程师是要用金融工具去实施的。"工欲善其事，必先利其器"，这个"器"就是金融工具，或者叫作"金融产品"。金融工程师必须随时随地都提着这个"金融工具箱"。一旦遇上需要解决的金融问题，马上从这个"工具箱"中掏出相应的工具来开始工作。

这个"工具箱"的工具不仅可以用来解决金融问题，而且这些工具本来也是一种金融产品，或者是金融交易方式。这些工具本身也可以形成交易市场和交易活动。因此，它们本身也有一个"金融工程"问题，即通过"工程化"的方法来形成套利空间的问题。

金融工具除了作为金融产品来理解之外，它也可以作为金融工程的研究对象来进行分析。由于我们在中国这片土地上所创建的是宏观与微观相统一的金融工程，所以我们可以将金融工程的研究对象和领域划分为三个层次。第一个层次是"工具论"，第二个层次是"公司论"，第三个层次是"政府论"。前面两个层次是微观部分，第三个层次是宏观部分。为了保持宏观与微观在方法论上的一致性，我们可将这三个层面全部统一在无套利分析的理论基础上，也即是统一在创造套利空间的实践基础上。

还是从"茶杯理论"说起。

如前所述，茶杯既是一种产品也是一种工具，而且也可以看成是一种"金融工具"。因为在金融工程师的眼里，所有的商品和服务，都可以看成是一种金融元素或者是一种金融符号，金融工程师的工作就是要把它们合在手中进行"排列组合"。金融工程师就像《西游记》中的孙悟空，金融产品就像孙猴子身上的"猴毛"，他随便抓几根"猴毛"，就可以让它们千变万化。

但是，金融工程师与孙悟空不一样的地方在哪里呢？金融工程不仅要像孙悟空那样"千变万化"，而且要寻找这些"千变万化"中的"规律性"，这就有了"金融工程哲学"。

在"茶杯理论"中，有一种交易叫作茶杯现货"多头交易"，还有一种交易叫作茶杯现货"空头交易"。我们先说"多头交易"，"多头交易"也简称"多头"。

"多头"顾名思义是"多出了头寸"，"头寸"就是"钱"的一种术语。为什么会多出一块"头寸"来呢？因为这种交易是估计价格要上涨，所以先将茶杯买在手中，等价格真的涨起来了再卖出去，这不就赚了吗？因此我们可以这样来理解多头交易，它指的是交易者估计价格上涨，而先买入某种商品，在价格上涨后卖出的一种交易活动。

假定茶杯现在市场的价格为1元，交易者估计它会上涨到1.2元以上，因此他今天用1元钱买入这只茶杯，第二天这只茶杯真的上涨了，正好上涨到1.2元，他这时将这只茶杯卖出，正好赚了0.2元。

故事讲到这里，还没有切入正题，我们的正题是要讲金融工程。金融工程是一种"无中生有"的经济工程，如何"无中生有"呢？

我们说无中生有就是要念好"三字经"，就要"借""还""赚"！

茶杯交易者可以不用自己的钱来买茶杯，他可以在金融市场上借入1元钱，其利率假定为10%，到期需偿还本息。茶杯的售价为1.2元，茶杯的收益率为20%，借款成本为10%，盈利就是10%。

这10%不就是我们所说的"套利空间"吗？这不就是我们所说的"正套

利空间"吗？

这种茶杯多头交易，其实就是一种投机交易，投机交易有可能赚钱也有可能亏本，关键要看你的运气！价格上涨你就赚了，价格下跌你就亏了。

"亏了"用我们的专业术语来讲，就是形成了"负套利空间"，这就是损失。

茶杯不仅可以"多头交易"，而且可以"空头交易"！"空头交易者"预估价格会下跌，因此会先卖后买，同样看对了就赚，看错了就亏。

"多头交易"和"空头交易"都是在讲"无中生有"的故事，都是"借钱"或者"借物"来进行买卖，都是在将无风险收益率进行比较，都是希望获取"有大于无"的套利空间。

茶杯交易与"套利空间"之间的关系讲清楚了，所有的金融工具不都是一种"茶杯资产"吗？不都可以这样去追求"套利空间"吗？

不过，"投机"与这种现货交易是把"双刃剑"，既有可能形成"正套利空间"，也有可能形成"负套利空间"。只有在一种前提下适合做这种交易，那就是你全部输光了也不会感到"伤筋动骨"。否则你最好远离"投机"。

有没有一种方法能够在控制之下形成"套利空间"呢？这就是我们学习金融工程最重要的目的。这些问题会在后面进行分析，且容我在后面慢慢道来吧！

叶永刚

2018 年 5 月 20 日

于珞珈山

"金工图"与现货交易

"金工图"即"金融工程套利图"。

"金工图"在现货市场中的应用，构成了它的整个金融工程体系中的基础。

先来看"金工图"与现货多头交易的关系。

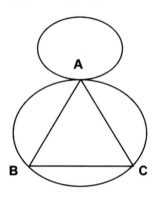

图4-1　金融工程套利图

在图4-1中，我们将A点定义为资产收益率与资金成本相等的平衡点。

再来看多头交易，仍然是以"茶杯多头交易"为例。

假定茶杯的现货价格为1元人民币，资金市场上的年化利率为10%，经营者以1元的价格买入该茶杯，随后市场的茶杯价格正如经营者所料，不断地上涨，一直涨到1.2元人民币。

经营者这时的茶杯收益率为20%，而市场上的资金成本只有10%。

套利空间：20%−10%＝10%。

这便是现货多头交易与"金工图"之间的关系。

再来看现货空头交易与"金工图"之间的关系。

仍然假定茶杯的现货价格为1元人民币，经营者预估茶杯价格会下降，于是借入一个茶杯，以1元的现货价格卖掉，将1元钱以10%的年化利率存到银行，一年后，市场价格下降到0.5元，经营者用银行存款，以0.5元的价格买入茶杯并予以偿还，他的茶杯收益率为50%。

套利空间：50%−10%＝40%。

这便是现货空头交易与"金工图"之间的关系。

以上这两个例子便讲清楚了"金工图"与现货交易之间的关系，这就为我们分析"金工图"与衍生金融工具的关系奠定了一个坚实的基础！

叶永刚

2018 年 10 月 20 日

于珞珈山

"金工图" 与远期交易

分析了"金工图"与现货交易的关系之后，我们再来分析"金工图"与远期交易之间的关系。

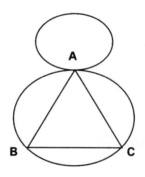

图 4-2　金融工程套利图

为了让大家方便理解，仍然以茶杯为例。

假定茶杯的现货价格为 1 元人民币，一年期的价格为 1.2 元人民币。资金市场的年化利率为 10%。

经营者借入 1 元买入一个现货茶杯，同时做远期空头，以 1.2 元卖出远期茶杯。

一年之后，经营者按照远期价格以 1.2 元交割茶杯，偿还银行 1.1 元的本息，经营者在远期交易中的资产收益率为 20%。

套利空间：20%-10%＝10%。

明白了茶杯远期交易与"金工图"之间的关系，也就明白了所有的商品远期交易与"金工图"之间的关系，也就明白了所有的金融远期交易与"金工图"之间的关系。

如果用数学符号来表示远期定价，则可以假定远期价格为 f，现货价格为 s，利息成本为 c。

远期价格：$f=s+c$

可将公式变形：$f-s=c$。

两边除以本金，$f-s$ 除以 s 等于 c 除以 s。

在上例中，这个平衡点为 10%，但实际上远期收益率为 20%，所以套利空间为两者之差，即 $20\%-10\%=10\%$。

清楚了远期交易与"金工图"的关系，期货交易与"金工图"的关系也就不难理解了！

叶永刚

2018 年 10 月 20 日

于珞珈山

"金工图"与互换交易

互换交易有商品互换交易和金融互换交易。在金融互换交易中又有货币互换交易和利率互换交易。我们在这里仅分析利率互换交易。分析清楚了利率互换交易与金工图的关系，整个互换交易与金工图的关系也就明确了。首先看图 4-3。

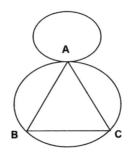

图 4-3　金融工程套利图

再来看下例：

	固定利率	浮动利率
银行甲	10%	伦敦同业拆借利率（LIBOR）
银行乙	12.5%	LIBOR+0.5%

在这种情况下，银行甲需要浮动利率融资，银行乙需要固定利率融资，二者由于信用级别不一样，因此，在固定利率市场和浮动利率市场上的成本是不一样的。

银行甲和银行乙可以进行利率互换交易。银行甲将 10% 的固定利率货币，以 11% 给银行乙，银行乙将 LIBOR+0.5 借浮动利率货币，以 LIBOR 的形式给银行甲。

这样，大家的成本就都节省了 1%。

如果将这个例子稍作调整，如下图：

	固定利率	浮动利率
银行甲	10%	LIBOR
银行乙	12.5%	LIBOR+2.5%

在这里固定利率的差额为 2.5%，浮动利率利息差也是 2.5%。前者为收益率，后者为成本。

收益率在这里等于成本，这便是 A 点。

因此，只要冲破 A 点，比如说，让银行乙的活动利率冲破 LIBOR+2.5%，就可以形成套利空间！

叶永刚

2018 年 10 月 20 日

于珞珈山

"金工图" 与期货交易

为了将"金工图"与期货交易进行对照分析，我们还是先看图4-4。

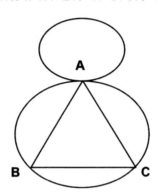

图4-4 金融工程套利图

再看期货交易的定价情况。

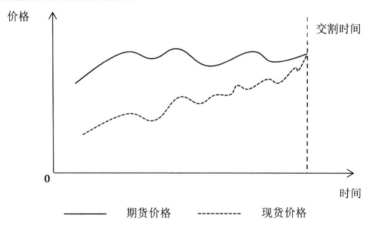

图4-5 期货价格与现货价格变化

与期货交易有关的书籍中，将期货价格与现货价格之间的差额称为"基差"，"基差"即远期交易中的"升贴水"。由此可见，期货价格可以表述为：

期货价格=现货价格+基差

如果我们用 F 表示期货价格，用 S 表示现货价格，用 B 表示基差，则该公式为：

$$F = S + B$$

则"金工图"中的 A 点应为：

F−S 除以 S 等于 B 除以 S。

如果期货价格与现货价格之间所形成的收益率超过了这个平衡点，就形成了套利空间。

可见，期货交易的定价原理在本质上与远期交易基本上是相同的。它们的价格都等于现货价格加上持有成本，持有成本又称为持仓成本。在远期交易市场上，我们将这种持仓成本称为升贴水，在期货市场上我们则称之为基差，尽管名称不一样，其本质和内容却是相同的！

因此，明白了远期交易与"金工图"之间的关系，也就明白了期货交易与"金工图"之间的关系！

叶永刚

2018 年 10 月 20 日

于珞珈山

"金工图"与期权交易

1996 年在美国康奈尔大学作为访问学者进修的一年中，我最大的收获是在那里与美国刚刚兴起的金融工程不期而遇，并且在那里弄懂了期权定价公式的数学推导。

回国后，我在中国这片土地上，和大家一起创办了金融工程专业。2004 年我又赴美国佐治亚州立大学进修，并且在那里读到勒夫奇的《金融工程原理》。那时我才恍然大悟，原来期权定价公式不仅仅是数学公式，而且是一种商业秘密。就像我们中国的"四书五经"一样，初读以为只是讲道理的书籍，没想到字里行间还隐藏着生命科学！

　　第二次回国后，我开始注重理论与实践的结合，我和团队老师们一起，运用期权定价的原理和资产负债表的原理，提出宏观金融工程的理论和方法。而最近几年，我则开始重视中国传统文化与金融之间关系的研究和探讨。在这里，我要和大家一起思考"金工图"与期权交易之间的关系。

　　首先回顾"金工图"。

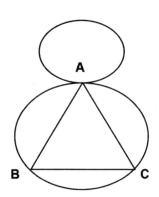

图 4-6　金融工程套利图

接下来看期权定价公式：

$$C = S_0 N(D_1) - Ke^{-rT}N(D_2)$$

$$D_1 = \frac{\ln\left(\dfrac{S_0}{K}\right) + \left(r + \dfrac{1}{2}\sigma^2\right)}{\sigma\sqrt{T}}$$

$$D_2 = D_1 - \sigma \cdot T^{\frac{1}{2}}$$

这个期权定价公式就是"金工图"中的 A 点。

　　这是期权的理论价格，即无套利的价格，除了这个价格之外，所有的其他范围全部都是套利机会。这也就是说突破了这个 A 点所形成的就是"套利空间"。由此可见，"金工图"中的 A 点就是衍生金融工具中的定价公式！

　　然而，在期权交易中，并不是只有一个 A 点，还有另外一个 A 点，那就是期权平价关系。

　　期权平价关系：$C + Ke^{-rT} = P + S$

　　这个关系公式反映的是四个交易市场之间的关系。C 意味着期权市场，

Ke^{-rT}代表货币市场，P指的是看跌期权市场，S为现货市场。这四个市场中存在的这种无套利关系就是我们所说的平价关系。

这种平价关系就是A点，突破这种A点就是套利机会，就可以形成"套利空间"。

可见，在期权市场上，不仅可以找到一个A点，还可以找到另一个A点，找到这两个A点，就找到了解决期权市场问题的金钥匙！

叶永刚

2018年10月27日

于珞珈山

套利空间与期货金融工程

2018年7月11日下午，飞机降落在美丽的青岛。

第二天上午，参加上海期货交易中心在这里举办的讨论会，我作了题为《期货金融工程及其他》的大会发言。

在这个发言中，我谈到了期货金融工程的哲学基础。

我告诉大家，"金工套利图"。值得大家仔细琢磨，并向大家反复强调，金融工程是一种"无中生有"的工程。

如何做到"无中生有"，希望大家念好"三字经"，即"借、还、赚"。有"借"就有"还"，有"还"就有"赚"，有"赚"就"无中生有"。看来"赚"字是最值得我们推敲的。

如何才能"赚"？

请仔细看图4-7的A点。

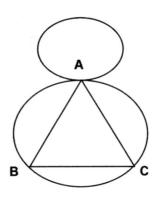

图 4-7　金融工程套利图

超过了 A 点就能"赚"，A 就是我们所说的封锁线。如何超过"封锁线"呢？

答案就是让 B 点的"有"超过 C 点的"无"。A 点就是"有"等于"无"的生死线，越过去了就是"生"，就是正套利空间；越不过去，就是"死"，就是"负套利空间"。

如何让 B 点超过 C 点呢？

在这里，B 点可以视为资产收益率，C 点可以视为资金成本。假定资金成本为"r"，即我们在金融工程中所说的"无风险利率"。接下来就看资产收益率如何超过"r"了，我们不妨用 R 来表示资产收益率。

这里必须提到提高资产收益率的"五招"，即"加、减、乘、除、乘方"。在这五招中，我要特别强调第四招，即"除法"。除法就是消除风险之法。

期货金融工程是针对产业金融工程而言的。期货是一种"资产"，同样，产业也可以视为一种资产，按照宏观套利思想，只要产业收益率 R 超过了资金成本 r，就大功告成了。

"期货"是在给该产业做"除法"，因为有了期货，就固定了该产业中主要商品的未来价格，我们将期货市场的这种作用称为"套期保值"。固定了商品的价格，就可以比较 R 与 r 之间的关系了。

在这种情况下，要么该产业越过了封锁线，要么没有越过。这是一种寻找和发现套利空间的过程，有了"期货"的介入，我们就可以分析是否存在

"套利空间"了。

我们在宏观金融工程中，不仅要发现套利空间，而且要创造"套利空间"。

如何"创造"？

在"除法"之外，再加进"加、减、乘和乘方"，这就是创造，就是我们所说的"期货金融工程"。

"期货"就这样加入了"金工套利图"，这样就创造了"套利空间"。

我们通过下面这个例子来佐证一下。

上海期货交易所有一个橡胶期货品种，这个品种涉及整个橡胶产业的发展。

武汉大学中国金融工程与风险管理研究中心，完全可以与上海期货交易所、海南省政府一起签订一个协议，我们来研究一个"海南橡胶期货金融工程"的课题。

首先运用"加、减、乘、除和乘方"这五招，使橡胶产业的收益率超过资金成本。然后我们将举办一个盛大的论坛，一下子就把这个产业发展推进了"快车道"。

接下来，我们将上海商品期货交易所的所有品种都照此办理，上期所就成了中国和全世界独一无二的交易所。

我们还有"大连交易所"，我们还有"郑州交易所"，我们还有"金交所"，能不能都这样做呢？

我们再沿着"一带一路"走出去，走向全球。

这不就是我们对全球的"引领作用"吗？

讲到这里，有人给我递上来一个纸条："叶教授，时间到了"。我连忙"刹车"，最后补了一句：谢谢大家！

叶永刚

2018 年 7 月 13 日

于珞珈山

套利空间与期权金融工程

明白了套利空间与期货金融工程之间的关系，套利空间与期权之间的关系又是如何？

在这里，可以从两个方面来加深理解，一是从微观，二是从宏观。

从微观上讲，期权定价的过程，就是金融工程师在金融市场上通过控制风险赚取利润的过程，或者说，它所揭示的就是金融工程的套利过程。

通过"茶杯理论"讲远期交易时，茶杯的现货与远期组合在一起所能得到的回报为 20%，而资金市场的无风险利率为 10%，我们赚取了 10%的差价。

同样，我们也通过"茶杯理论"来讲期权交易。

例如，当金融工程师从期权市场上买入一个茶杯看涨期权时，他马上就开始承担金融风险了，他买入的茶杯看涨期权，有可能涨价，也有可能跌价。

能不能像做远期那样，用现货市场和货币市场复制一个远期呢？一样可能！我们可以在现货市场上做一个卖出茶杯的现货交易，与买入茶杯看涨期权的交易搭配起来，这种金融市场上的价格基本上就可以消除了。现货交易和资金的借贷交易就可以复制出一个"类期权"，并且通过这种期权来转移买入期权所承担的价格风险，类期权的复制成本就成了期权定价的根据。

金融工程师在市场上买卖期权时，实际使用的价格并不是这种类期权成本的理论价格，而是根据自己的盈利目标所确定的实操价格，拿"茶杯期权"例子来说，如果"类期权"的成本为 10 元，金融工程师在买入期权时的报价就会低于 10 元，比如说 9 元，这样一来金融工程师就赚取了 1 元钱的差价，这个差价就是我们所说的"套利空间"。

在这个茶杯期权的交易过程中，金融工程师就这样，既控制了金融风险，又赚取了 1 元钱的利润。

再将这种微观的"期权金融工程"理论和方法运用到宏观层面。

"茶杯"这时不再只是代表一个产品、一个企业，而是用来代表一个产业，一个"茶杯产业"，或者任何其他产业了。

茶杯产业所生产的茶杯现货，在市场上具有价格风险。过去我们运用期货交易和期权交易来应对这种市场上的价格风险，因此，我们有了远期和期货的金融工程。

这种金融工程是通过先锁定茶杯在将来的价格来对付价格风险，但是这种"锁定"也会存在一个问题。因为日后市场上的现货价格到底是高于这种"锁定价格"还是低于它，这在事前都是不确定的。因此事后评价起来，这笔远期和期货锁定的价格很有可能是不划算的。

能不能既"锁定"今后的价格，同时又给人们提供一种选择权呢？即当人们划算时，就行使这种权利，按"锁定价格"买卖；如果觉得不划算人们觉得划算，就放弃这种权利，按更有利的现货市场价格去买卖呢？

能，这种交易活动就是期权交易。

还是从茶杯产业来说。假定我们卖出茶杯的"锁定价格"为1元钱，如果市场上的现货价格届时涨到1.2元，那好，我们放弃期权，按市场上的1.2元卖出不就行了吗？

茶杯产业是这样，其他产业又何尝不是如此？要知道，多了一种选择往往就多了一种机会，甚至在危机时往往就多了一条活路！

在市场经济的条件下，在定价的过程中，有所得必有所失！我们得到了一个选择权，必须付出一笔期权费。这笔期权费也被称为期权价格。

在通俗一点讲，这笔期权就是一种"保险费"。付出一笔"保险费"就买入了一个"保险单"，保什么"险"呢？保价格向不利方向变化的风险。这种不利方向变化所造成的损失就可以通过这种买入的期权交易来防范了。

因此，可以说，期权金融工程就是在期货金融工程的基础上买进一个价格"保险"的产业金融工程。

除了在"锁定价格"与无风险利率之间，可以获取"套利空间"之外，我们还保有一个价格向有利方向变化的选择权，这就意味着我们还多了一种机会，那就是有可能获取有利方向变化价格与"锁定价格"之间的差价！

这种差价的代价就是期权费。这种期权费按照会计准则是可以计入成本的，因此是可以抵税的。我们在实施期权金融工程时，是可以考虑让政府来承担这笔费用的。政府承担了这笔费用，消除了企业和金融机构的后顾之忧，企业融资难、融资贵的问题就有望得到解决了。

一旦这个问题得到解决，金融机构就可以给企业融资了，政府马上就可以从企业和金融机构获取税收。因此，政府付出的这笔"期权费"就变成了一种"投资"，这种"投资"不仅不会亏本，而且还有可能得到加倍的回馈！

这就是期权金融工程，这就是宏观金融工程，这就是"系统"金融工程，这就是"宏观套利空间"工程！

叶永刚

2018 年 7 月 18 日

于珞珈山

套利空间"公司论"

我们知道金融工程涉及三个层面：工具、公司和政府。讲完了套利空间与金融工程层面的关系，我们继续讲套利空间与第二个层面即公司层面的关系。

在分析公司层面时，可以将"公司"看作一个"工具"，即我们可以把它看作是一个茶杯，并且同样用"茶杯理论"来进行分析。

在公司层面有一张会计报表叫作"资产负债表"，由于有了这张报表，我们就可以将其与另一张报表即损益表进行比较分析了，前者是"存量"，后者是"流量"，有了"存量"就可以更科学地分析"流量"了。

公司有了资产负债表，我们就可以把公司看作一个"资产包"，就可以把这个"资产包"看作一个"茶杯资产"或一个"金融工具"了。如此一来，金融工程层面的"茶杯理论"就可以用来分析公司资产了。

"公司资产"这个"大茶杯"的资产收益率就可以与金融市场上的资金成本即无风险利率进行比较。

资产收益率等于无风险利率，这是一道"封锁线"，即"平衡线"，"冲破"了这道"封锁线"，即让资产收益率大于无风险利率，我们就"成功"了，就进入"套利空间"了，而且进入"正套利空间"了。

但是，这里的资产收益率不是一般的"收益率"，而是"调整风险后的收益率"。

这是在告诉我们，这里面还存在着风险成本，我们只有在扣除了风险成本之后的收益才是真正靠谱的收益。在金融工程中，风险成本也被称为"风险溢价"，无风险利率只有加上"风险溢价"才是真正的资金成本。这种"无风险利率+风险溢价=资产收益率"的平衡线才是最为靠谱的"平衡线"。

从以上平衡线来看，我们可将公式变形为：

资产收益率-风险溢价=无风险利率。

左边的"资产收益率-风险溢价"就是"调整风险后的收益率"，这种"调整风险后的收益率"所形成的利润，我们称为"经济增加值"，而这种风险溢价所形成的成本，我们称之为"资本社会必要成本"。减掉了"资本社会必要成本"所形成的"经济增加值"才是公司所真正追求的目标。我们将这一套管理方法称为"经济资本管理体系"。

这种经济资本管理就是"套利空间图"的具体运用。

在图4-8中，B点体现的是收益，C点体现的是风险点，A点体现的是调整风险后的收益率，所形成的A点之上的空间即套利空间，并且是我们所追求的"正套利空间"。

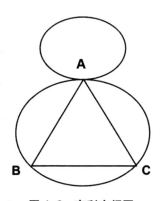

图4-8 套利空间图

套利空间与公司层面的关系不就被说清楚了吗？请记住这就是"套利空间公司论"，我们只不过是在"茶杯理论"的基础上将一只茶杯换成了一个"公司"而已！

叶永刚

2018 年 5 月 22 日

于珞珈山

套利空间与"政府论"

"金融工程三层面论"，我们已经讲过了"工具论"和"公司论"，接下来就讲"政府论"。

对于"政府论"来说，一个关键词是"宏观资产负债表"。讲清楚了这个概念，套利空间与政府之间的关系也就清楚了。

这个概念来源于"国家主权资产负债表"，这是美国人的贡献。美国的经济学家格雷等人用企业的资产负债表来构成国家主权资产负债表，以此来分析一个国家的宏观金融风险。

我们则向前迈进了一步。我们将国家主权资产负债表拓展为"宏观资产负债表"，这就意味着我们可以将宏观经济中的任何一个部分或者整体看作一个"资产包"，看作一个"公司"，来进行比较，从而形成"套利空间"。

这种宏观资产收益率同样可以扣除风险溢价成本，形成"调整风险后的收益率"，从而构建一个系统的"宏观经济资本体系"。

这个体系所体现的就是"资产收益率＝无风险利率＋风险溢价"的关系，这种关系就形成了"套利空间"的平衡线或封锁线。冲过了这道封锁线，就是"正套利空间"；没冲过这条线，而在这条线下，就是陷进了"负套利空间"。

我们的政府为什么会存在债务风险呢？就是因为大家过去没有把这个道理想得太清楚，或者说没有把这种收益率与风险之间的平衡关系把握好，所以掉进了"负套利空间"这个"窟窿",并且把这个"窟窿"越弄越大。要想从"窟窿"中钻出来,只有一个选择,就是要缩小这个"负套利空间",并且将这个"负套利空间"变成"正套利空间"。这样我们就真的可以做到"金融活、经济活,金融稳、经济稳"了。

写到这里,我们回头看一下"套利空间工具论"和"套利空间公司论",并且思考这样一个问题:"工具论""公司论"和"政府论"这"三论"是建立在一个什么样的方法基础上的呢?这不就是资产定价理论吗?而资产定价论的哲学基础不就是"无中生有"论吗?我们说过来、说过去,仍然在讲有与无之间的关系。这些思路厘清了,"套利空间创造论"的道理也就想通了。

叶永刚

2018 年 5 月 22 日

于珞珈山

套利空间"短板论"

我们从"太极图"走来,经过了"阴阳平衡论",经过了"套利空间论",经过了"套利空间发现论",经过了"套利空间创造论"。我们特别强调"套利空间创造论",为了创造套利空间,我们又分析了"套利空间法宝论"。但是,我觉得这些分析还远远不够,在回答如何创造套利空间的问题上,还有许许多多的方面需要探讨。于是,就有了这一篇"套利空间短板论"。

我先前在讲金融工程无中生有的道理时,曾经讲到《三国演义》中草船借箭的故事,那个家喻户晓的故事让我们明白了"金融非常态"的大道理。这里再看《三国演义》中的另一个故事,"赤壁之战"或者叫作"火烧赤壁",可以翻到《三国演义》第四十九回的一段文字:

却说周瑜立于山顶，观望良久，忽然望后而倒，口吐鲜血，不省人事。左右救回帐中。诸将皆来动问，尽皆愕然相顾曰："江北百万之众，虎踞鲸吞。不争都督如此，倘曹兵一至，如之奈何？"慌忙差人申报吴侯，一面求医调治。

却说鲁肃见周瑜卧病，心中忧闷，来见孔明，言周瑜卒病之事。孔明曰："公以为何如？"肃曰："此乃曹操之福，江东之祸也。"孔明笑曰："公瑾之病，亮亦能医。"肃曰："诚如此，则国家万幸！"即请孔明同去看病。肃先入见周瑜。瑜以被蒙头而卧。肃曰："都督病势若何？"周瑜曰："心腹搅痛，时复昏迷。"肃曰："曾服何药饵？"瑜曰："心中呕逆，药不能下。"肃曰："适来去望孔明，言能医都督之病。现在帐外，烦来医治，何如？"瑜命请入，教左右扶起，坐于床上。孔明曰："连日不晤君颜，何期贵体不安！"瑜曰："人有旦夕祸福，岂能自保？"孔明笑曰："天有不测风云，人又岂能料乎？"瑜闻失色，乃作呻吟之声。孔明曰："都督心中似觉烦积否？"瑜曰："然。"孔明曰："必须用良药以解之。"瑜曰："已服良药，全然无效。"孔明曰："须先理其气；气若顺，则呼吸之间，自然痊可。"瑜料孔明必知其意，乃以言挑之曰："欲得顺气，当服何药？"孔明笑曰："亮有一方，便教都督气顺。"瑜曰："愿先生赐教。"孔明索纸笔，屏退左右，密书十六字曰："欲破曹公，宜用火攻；万事俱备，只欠东风。"写毕，递与周瑜曰："此都督病源也。"瑜见了大惊，暗思："孔明真神人也！"

孔明真神人也？孔曰真智者也！

孔明的"智"在哪里？在于知"短板论"也！

他知道周瑜的病是心病，心病在于没有"东风"就无火攻！还记得唐人杜牧之诗吗？"折戟沉沙铁未销，自将磨洗认前朝。东风不与周郎便，铜雀春深锁二乔。"没有"东风"，周郎的麻烦可就大了呢！

可见，"东风"就是赤壁之战的"短板"。那么，短板与"套利空间"有何关系呢？

抓住了"短板"就能够更好地创造套利空间。

"短板"一词从挑水的水桶而来。水桶能够承受的水，最终取决于最短的那一块板，少了那一块，就装不了水；补上那一块，水桶就可以装满满的一桶水。"短板"用经济学术语来讲就是效率，就是投入与产出的关系，就是用尽可能小的成本，去创造尽可能多的产出。有了这种效率，"资产收益率"就可以大大提高了。

套利空间难道不就是资产收益率与无风险利率的比较吗！短板恰恰是一种最优的路径选择。这种选择大大提高了资产的收益率，从而提高了"套利空间"中的利润水平！

因此，从这个意义上讲，"短板"也可以称为"东风值"或者"东风效应"。有了这样一种方法论和这样一种思维方式，领导者和经营管理者都可以成为神机妙算的诸葛孔明了！

叶永刚

2018 年 5 月 20 日

于珞珈山

套利空间"长板论"

写完了套利空间"短板论"，我觉得还应该写一篇套利空间"长板论"，要不然这个问题的分析就不够全面了。我希望"套利空间论"既有"短板论"也有"长板论"，就像诗句一样，既有上联也有下联，而且上下联放在一起格外完美。

假定两个农民都可以种萝卜和白菜，但二人种萝卜和白菜的时间是不一样的。农民甲种一个萝卜需要两天，种一棵白菜只需要一天；农民乙种一个萝卜只需要一天，但是种一棵白菜需要两天。

这里可以有两种生产方法：

其一，两个农民各自种自己的萝卜和白菜；

其二，两个农民分工种萝卜和白菜。

这两种生产方式产生的效果是不一样的，我们首先看第一种生产方式。

其一

农民甲　三天	农民乙　三天
产出一个萝卜和一棵白菜	产出一个萝卜和一棵白菜

其二

农民甲　三天	农民乙　三天
产出三个萝卜	产出三棵白菜

我们再将这两种生产方式进行分析和比较。

其一，两个农民总共投入六天，生产出两个萝卜、两棵白菜；其二，两个农民同样投入六天，但是种出了三个萝卜和三棵白菜。

两种生产方式的投入是一样的，但是产出却不一样。第二种方式比第一种方式多生产出了一个萝卜和一棵白菜。

为什么在这里多出了一个萝卜和一棵白菜呢？

这是因为这两个农民有自己的劣势，也有自己的优势，我们将这种优势称为绝对优势。两个农民各自发挥自己的"优势"，这种社会分工和资源分配的方式显然可以创造出更多的社会财富！这就是亚当·斯密的《国富论》中的基本思想。

这种理论就是一种"绝对成本学说"，在这个基础上，李嘉图又发现了"相对成本学说"。说到底，二者都是在强调发挥"优势"的重要性。

"优势"就是我们在这里所说的"长板"，有了"长板论"，我们在学习过程中，就能更好地选择专业方向。对于企业而言，就有能力打造自己的核心竞争力。对于政府领导来说，就会通过主导产业的选择来突出自己的经济特色。

"长板论"同样是一种效率论，也是一种成本收益法。同样的收益，我们如果选择了最小的成本，或者换一种说法，同样的成本，我们却创造了更多的收益，这不就是"套利空间论"的基本思想吗？"套利空间论"不就是要让资产的收益率超过金融市场上的资金成本吗？抓住了"长板"也就抓住了一种最优的选择路径，也就可以创造出最优的"套利空间"。

"长板论"和"短板论"结合在一起，也就构成了金融工程中的"矛盾论"，毛泽东同志在《矛盾论》中告诉我们："我们要学会在处理问题的过程中抓住'主要矛盾'的主要方面"，此之谓也！

叶永刚

2018 年 5 月 20 日

于珞珈山

套利空间与"底板论"

记得习近平总书记在中共中央的一次经济工作会议上强调，我们不仅要重视经济中的"短板"，还要高度关注经济中的"底板"，这是因为，如果一个水桶的底板坏了，这一桶水就全漏光了。可见，底板造成的损失，要比"短板"造成的损失大得多。

我们所说的"底板"，就是系统性风险的"底线"，要防止"底板"出问题，就是要守住不发生系统性金融风险的底线。因此，我们强调的"底板"主要是指宏观经济的"底板"，而不是微观经济的"底板"。

如何打造宏观经济的"底板"，即宏观风险管理体系呢？

我觉得一个重要的工具，就是宏观资产负债表，过去只有微观资产负债表，而没有宏观的资产负债表。美国人找到了国家主权资产负债表，我们将这个表拓展成为"宏观资产负债表"，这就为各级政府守住系统性风险提供了一个如钢如铁般的坚固"底板"。

这个底板的形成同样与套利空间有着密不可分的关系。

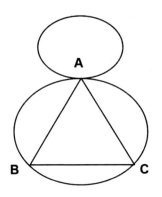

图 4-9　套利空间图

如图 4-9，B 点表示从无到有，C 点表示从有到无，A 点表示有大于无。

"底板"的作用主要体现在 C 点上。"底板"坏了，就是从有到无，这就是金融风险。控制了金融风险，就守住了不发生系统性风险的底线，这就构成了创造套利空间的重要环节。

我们再将"长板论""短板论"和"底板论"这"三论"结合起来分析。"长板论"和"短板论"所体现的是 B 点的基本内容，即推动从无到有提高收益率，而"底板论"抑制金融风险减少风险成本。"三合一"则成就了 A 点，即使得有大于无，从而创造出了"套利空间"。

美哉"三论"，美哉"套利空间创造论"！

叶永刚

2018 年 5 月 20 日

于珞珈山

第五章　金融工程套利图与风险管理

再谈金融风险控制与金融工程套利图

金融风险是一种不确定性。既然是一种不确定性，那就意味着它既有可能给我们带来有利的一面，也有可能给我们带来不利的一面。

如何用金融工程套利图来说明这个问题呢？

可以通过两幅图来表示。

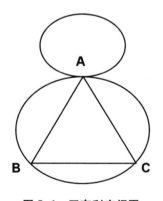

图 5-1　正套利空间图

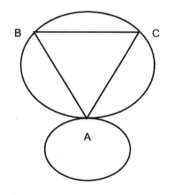

图 5-2　负套利空间图

图 5-1 反映的是正套利空间，而图 5-2 反映的是负套利空间。金融风险的不确定性就意味着它既可以形成图 5-1 的结果，也有可能形成图 5-2 的结

果。现在很多方面面临的金融风险现状就是将图 5-1 的情况变成了图 5-2 的情况。

风险控制所要达到的目的就是要反过来，将图 5-2 的情况变成 5-1 的情况。

如何反过来呢？

有一种说法叫作"拿时间换空间"。

假设先前在一条河上盖了一座小桥。小桥还没有盖完，一算账，亏损了。创造了一个"负套利空间"！怎么办？

再在这条河上盖一座大桥，盖一座更大的桥，这次算好账，"一手抓住三条鱼"，弄一个"正套利空间"，不仅把"大桥"盖起来了，而且用大桥创造的"正套利空间"弥补了"小桥"所出现的"负套利空间"。

这个例子告诉我们，金融是一把"双刃剑"，它既可以给我们造福，也可以给我们招祸。正因为如此，我们对金融要有敬畏之心，绝不能只是把它当作一种圈钱的工具，以为"圈"得越多越好。借钱是要还的，还不了钱就惹上大麻烦了！

但是，我们也不能将其视为洪水猛兽，采取避而远之的态度，认为离得越远越好！

其实金融风险也是一种资源。因为它具有不确定性，一旦控制了不确定性的不利方面，或者将不确定性变成了确定性，就控制了金融工程套利图中的"C 点"，这种"风险"就变成"回报"。金融工程中有一个说法叫作"高风险高回报"，此之谓也！

严格地讲，金融风险指的只是造成风险的可能性。一旦真的造成了损失，就像我们上面所看到的，出现了"负套利空间"呢？

以上的例子不是已经告诉了我们吗？

亏损了一座小桥，我们再盈利一座大桥！

叶永刚

2020 年 2 月 21 日

于武汉大学

风险控制与金融工程套利图

如果说，定价是要解决金融工程套利图中的 A 点问题，金融创新是要解决 B 点问题，那么，金融风险控制（或者称之为金融风险管理）就是要解决 C 点问题了。

C 点问题重要吗？非常重要！

我有一次到某一个地方调研，当地的领导在用餐时给我讲了这样一个故事，有一位地方领导做报告时，他的面前总是放着一个茶杯，茶杯中装的不是茶水，而是酒水。他在做报告时，时不时拿起茶杯喝一些酒水。所以，他的报告充满激情，愈是讲到后面愈是精彩！因此，他赢得了与会者的掌声与好评！

后来，组织部门听说有这样一位"充满激情"的好领导，决定对他进行考察并准备给他更重要的工作岗位。那一天，这位领导做好充分的事前准备，出发前将茶杯中的酒水全部喝完再出门。哪知那天路上堵车，他迟到了，更糟糕的是他事先喝的酒水早已过了酒性。组织部门还是接待了他，但他表现得无精打采，并且不断地打哈欠。结果组织部门得出了与大家完全相反的结论，这位领导并不怎么样。

我非常怀疑这个故事的真实性，并认为这只是茶余饭后的一种笑料。但我认为我们完全可以拿这个笑料来说明金融工程的道理。

我们不妨把这位领导用茶杯装酒水这个举动称为"金融创新"，即我们所说的"B 点"。但是，这位可爱的领导只有"B 点"，而没有"C 点"。"C 点"就是风险控制点，他没有控制"堵车"这种让酒水失性的"风险"。如果他在出门时，在自己的车上带上一瓶酒，不就解决这个问题了吗？这不就是"风险控制"了吗？这不就有了"C 点"吗？

由此可见，金融工程不仅要讲 B 点，而且要讲 C 点！

金融工程是如何讲 C 点的呢？

金融工程讲 C 点就要讲金融风险的管理，就要讲清楚什么是金融风险，如何管理金融风险。

金融工程所界定的风险就是不确定性，不确定性是通过波动率来衡量的，波动率用数学语言来讲就是标准差。

如何管控不确定性？

金融工程强调了两条基本的路径。一条路径是将不确定性变成确定性。所有的线性金融工具都可以达到这个目的。比如说，远期交易、期货交易、互换交易。另一条路径是限制不确定性的不利方面，而保留不确定性的有利方面。所有的非线性金融工具都可以达到这个目的，比如说，期权交易。因此，金融工程在讲到风险管理时，一定会分析到这些线性工具和非线性工具。

有一次，我在课堂上给学生讲完了这些内容之后，有一个学生举手发言："叶老师，我懂了！"

我问他："你懂了什么？"

他说："我懂了 C 点的重要性了。没有了 C 点就没有 A、B、C 三点，就没有整个金融工程套利图。如果我们把金融工程套利图比作一座大厦，C 点就是这个大厦的基石。没有了基石，整个大厦就会坍塌了！"

我高兴地说："你讲得太好了！谢谢！"

叶永刚

2020 年 2 月 20 日

于武汉大学

金融工程风险论

我们以前只要听说"风险"二字，就认为那一定是"坏事"，那一定应该退避三舍。其实，这个问题并非如此简单。

我曾经给大家讲过自己小时候砍柴的故事。我是 50 后，生活在"短缺经济"的计划经济时代，每天放学以后必须想方设法砍柴。有柴草的、好砍的地方，早被人砍光了。但是有荆棘的地方，往往是人们不愿去碰的，因为那里不仅有荆棘刺手，而且常常会有马蜂窝。

马蜂遇到干扰，一定会用尾部的刺毒实施攻击和自卫。这种攻击对它自己是致命的。刺毒释放出来之后，马蜂也就"漏尽钟鸣"了。

正因为抓住了马蜂的这种短处，所以我们碰到有柴草的荆棘丛之后，首先扔几个石头过去，看一看是否有马蜂，如果有马蜂，它们一定会对石头发起攻击。攻击之后，它们一定会躺在地上动弹不得。我们这时就可以走过去，用柴刀将马蜂轻轻地挑开，将柴草裹着荆棘一起砍割下来，并且捆成一小捆一小捆的。

用金融工程的学术语言来讲，这叫作"高风险、高回报"。马蜂窝是"高风险"，浓密的柴草是"高回报"，按照金融工程的分析，有高风险的地方往往就是有高回报的地方。

因此，风险既是一种损失的可能性，也是一种回报的机会。由此可见，金融风险也是一种资源，一种盈利的机会。而且，愈是风险大，愈是回报高。

然而，问题的关键在于如何才能控制风险而获取这种回报。

我们还是来看"套利空间图"吧！

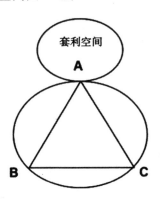

图5-3　套利空间图

C点表示从有到无，这就是哲学意义上的风险。B点表示从无到有，这就是我们所说的"回报"。A点表示有大于无，就是要在控制风险的前提下获取回报，从而形成"套利空间"。"套利空间"也就是在管理风险后所获取的

"利润空间"。

金融工程是如何控制风险以获取这种"套利空间"的呢？

风险是指损失的可能性，这就意味着风险具有不确定性。既有可能造成损失，也就有可能获取收益。从这个意义上讲，风险就是一种不确定性。

金融工程对付不确定性一般来说有两种路径。

一种路径是将不确定性变成确定性。如远期交易、期货交易和互换交易等工具，走的就是这条路线。

"茶杯理论"就有一个假定，我们可以在远期市场上以1.2元的价格卖出一年期的远期茶杯，这就锁定了茶杯在一年后的售价。其投资就有了保障，就可以与金融市场上的无风险利率进行比较了。20%的收益率大于10%的利息成本，其差额10%就可形成"套利空间"。

另一种路径是限定向下的不确定性，而保留向上的不确定性。

还是以"茶杯理论"为例。

这时不是在茶杯市场上做远期交易，而是做一笔茶杯期权交易。我们可以做一笔按1.2元的行权价格卖出一只茶杯的看跌期权交易。这就限制了茶杯价格在日后下跌所能造成的损失。因为在价格下跌时，生产者可以行权，按1.2元的价格出售。这就保证了生产者20%的收益率。如果价格上涨到1.2元以上呢？生产者就不用行权了，直接到市场上以高于1.2元的价格卖出。

可能大家会想，这种做法比第一种做法不是有利多了吗？远期交易只能按1.2元售出。这里还多了一个选择权，并且起码可能按1.2元的行权价格卖出。

可是别忘了，我们这是在讲市场经济的故事。市场经济中有一个"潜规则"，那就是"有所失必有所得"。反过来讲，"有所得必有所失"。期权交易多了一个选择权，这个选择权也是有"价格"的！这个价格就叫作期权费，相当于一种"保险费"。你花了钱买了保单，如果发生了"事故"，你就可以得到这笔"理赔"收入了。保险费就是你付出的期权费。保了这个"价格险"就可以保障你的一只茶杯起码可以卖出1.2元的行权价格。

有了以上这两条路径，金融工程就可以大有作为了。

叶永刚

2018 年 5 月 28 日

于珞珈山

金融工程套利图与金融风险管理

最近我要去老家武汉市做一场关于金融风险管理的报告。

我嘱咐自己：惟陈言之务去。

过去讲金融风险，我往往从金融工程套利图讲起。

并且强调套利空间中的 P 点。

这一次稍做改变，将图 5-4 称为金融工程套利图之一，将图 5-5 称为金融工程套利图之二。

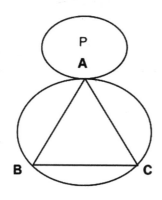

图 5-4　正套利空间

-P 所代表的这个圆圈，即前面所讲到的负套利空间。

我们将图 5-4 和图 5-5 比较可发现，二者的差别主要在 P 和-P。图 5-4 之所以存在 P 点，是因为其 B>C，即 B 点的收益越过了 C 点的成本，也就是突破了 A 点，从而形成了利润。

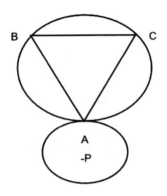

图5-5 负套利空间

我们尝试将这两个图形画在一起。

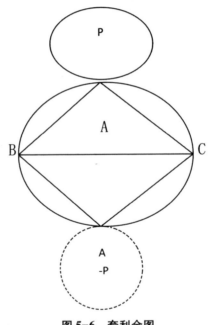

图5-6 套利全图

-P所代表的圆圈可用虚线表示。

金融风险在C点，金融风险是不确定性，它体现的是风险溢价、是成本，它是否就一定会形成损失呢？不一定。我们还要看它和B点的关系，看二者之间是谁大一些，是B>C？还是C>B？这决定了套利空间为正还是为负。

金融风险可控并且控制住了，造成的结果就会是P。否则，就会成为

-P，-P 就是亏损。

-P 反映的是金融风险 C 所带来的负面影响。这种影响可以是显性的，也可以是隐性的，但最终还会是显性的。

-P 的形成既有其客观性，也有其主观性。

我们老家县河旁边有一座双凤亭，那是当地人为了纪念程颢、程颐而建的。"二程"就出生在那里。二程在中国的哲学史上有很重要的地位，程朱理学说的是在哲学上的地位，而王阳明的心学也与这两兄弟有关。两兄弟一个主张"唯理主义"，一个主张"唯心主义"。

不要小看了这个"心"。我们过去往往只看到了物质决定意识的一面，而没有看到意识和物质之间是相互依存的，二者是可以相互转化的，这就是人的主观能动性、人的觉悟性、人的良知性。

有良知就有非良知。王阳明的心学强调"致良知"，然后才是"知行合一"，还有就是"心即理"。

非良知与-P 结合，就是"庞氏骗局"。一开始就是一个骗局，后面继续通过借新还旧行骗，直到骗局破灭。这种骗局我们见到很多，互联网诈骗和金融传销基本就是这种类型。

良知是否会与-P 结合呢？也会有的。

比如说，我们的"隐形债务"就具有这种属性。一开始要搞一个项目并非有意行骗，而是真想做点事情。但做到后来就亏损了。怎么办？借新还旧来掩盖。最近有的地方这个黑洞越来越大，我们将这种情况称为"变相庞氏骗局"。

因为它的实质还是亏损，还是借新还旧制造更大的亏损，还是用假象掩盖真相。

这就是我们在金融工程升级版中所要特别关注的内容。

叶永刚

2019 年 7 月 22 日

于珞珈山

金融双刃剑

过去，我们更多地强调金融中的正面作用，然而金融不仅有正面作用，而且有负面作用。其实，金融是一把双刃剑，它可以帮人，也可以坑人。

为什么金融会是这样的呢？

我们还是用"金融工程套利图"来解释。

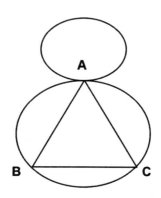

图 5-7　金融工程套利图

因为金融本身就是 B 点和 C 点的对立与统一。B 点是正能量，C 点是负能量，二者相互转化。转化的条件是 A 点，只有突破了 A 点才是盈利，否则就是亏损，能否突破 A 点就是问题的关键。

突破了 A 点就是在"帮人"，未有突破就是在"坑人"。

如何才能使人们突破 A 点呢？

我们曾经教给大家"五招"：一曰加法，即提高质效；二曰减法，即控制成本；三曰乘法，即政府政策；四曰除法，即消除风险；五曰乘方法，即多元化融资和规模化融资。

但是残酷的现实告诉我们，并非所有的人都能运用这"五招"，并从而去突破 A 点。

既然现实如此，那么我们只有告诉人们：金融有风险，借钱需当心！

在讲金融和金融工程时，反复强调我们要学会"三字经"：借、还、赚！

赚不到就会还不起，还不起就不该去借，借下来就会惹麻烦！也许，在有些领域，可以鼓励大家"全民创业，万众创新"，但是对于金融领域来说，并非可以"全民创业，万众创新"，因为金融是一个特殊产业，因为金融是一把双刃剑，随时随地都可以具有杀伤力！

正因为如此，我们提醒人们：对于金融要有敬畏之心，要有庄严之心！

正因为如此，我们告诫人们：对于金融我们起码要一手抓住两条鱼——一条是创新，一条是风控！

正因为如此，我们号召人们：对于金融，我们要"如临深渊，如履薄冰"！

叶永刚

2019 年 1 月 30 日

于珞珈山

套利空间与"庞氏骗局"

如何用套利空间的理论来分析"庞氏骗局"？

首先从套利空间的形成与分类谈起，再谈套利空间与"庞氏骗局"之间的关系。

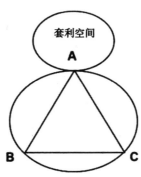

"金融工程套利图"可简称为"金工套利图"，还可以更简单地称为"金

工图"。

最简单和最直观的"金工图"可以画成图5-8。

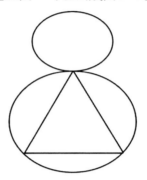

图5-8 金工图一

我们可将刚开始的图形称为"金工图二"，即图5-9。

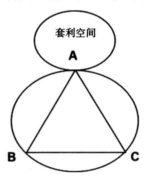

图5-9 金工图二

我还可以画出"金工图三"，即图5-10。

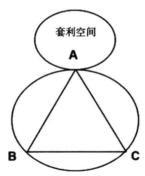

图5-10 金工图三

为了分析方便，我们再画出一个"金工图四"，即图5-11。

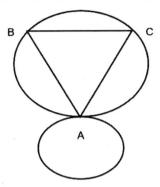

图5-11 金工图四

套利空间是一种利润空间，那负套利空间便是一种亏损空间。

金工图三和金工图四的区别在于，前者反映的是一种盈利状态，而后者反映的是一种亏损状态。

为什么前者形成了盈利，而后者却变成了亏损呢？关键在于A点，A点是一种平衡点，反映的是收益-成本的两种状态，即盈利和亏损。我说过，A点是一道"封锁线"，冲破了这道"封锁线"，收益就大于成本，就有了盈利，就有了正套利空间。反之，就掉进了陷阱，收益就小于成本，就有了负套利空间。接下来，分析套利空间与"庞氏骗局"的关系。

"庞氏骗局"是一种以美国人"庞兹"为代表的金融诈骗的代称。这种骗局的一个重要特征是通过借新债还旧债来掩盖事实上的诈骗真相。

用套利空间理论来分析，它从一开始形成的就是一种"负套利空间"，即前面画出的金工图四。我们可将金工图四中的负套利空间换成一种更直观的说法，即亏损空间。

我在这里分析的是一种"标准化庞氏骗局"，现实生活中还有很多"非标准的庞氏骗局"，比如说，"金融传销""非法集资""互联网金融诈骗"，等等。这种骗局的一个重要特征就是负套利空间，另一个重要特征就是骗，骗的办法就是以"借新还旧"来掩盖其亏损的真相。

但是这个骗局最后必然会露出真相。因为骗的结果是负套利空间越来越大，最后掩盖不住了，整个"泡沫"就一定会破灭。

以上这些"庞氏骗局"因为带有明显的非法性，因而识别起来并不十分困难。还有"非标准"的"庞氏骗局"因为披着合法的外衣，因此显得更为隐蔽，带有更大的欺骗性和欺诈性。

有人给我讲了一个故事。

一个地方政府的领导和一个银行的行长走到了一起。两个人商量了一个"皆大欢喜"的办法。

银行行长给地方政府贷款，彼此都非常清楚，这笔贷款存在着巨大的风险，但是彼此并不担心，为什么？

因为贷款造成亏损还不了以后，银行还可以继续贷款，让地方政府用这笔贷款支付银行利息即可。

没过多久，这个地方政府的领导由于银行贷款增加了他的 GDP 和"政绩"，提升到了新的工作岗位去了，而这个银行行长呢，也按照银行的用人制度，轮岗或提升了。

这两个人"合作共赢"的结果，就是给地方政府和银行制造了一个"负套利空间"，而且制造的是一个"日益增长"的负套利空间。

这种负套利空间带有很大的隐蔽性，其主要特征依然是亏损和"借新还旧"。因此，它的实质依然是一种"庞氏骗局"。我们可以将这种"庞氏骗局"称为"隐性庞氏骗局"。这种庞氏骗局带有更大的欺骗性和破坏性。

如何防范和控制这种"隐性庞氏骗局"呢？

1. 变隐性为显性，使其信息公开；

2. 实行问责制；

3. 填平已经形成的"负套利空间"；

4. 防止出现新的"负套利空间"；

5. 创造更多的"正套利空间"。

这就是套利空间理论，这就是套利空间方法论，这就是套利空间理论与方法，在实践中对付形形色色的"庞氏骗局"具有针对性和有效性！

是的，生活之树常青！但是，请大家千万别忘了，来自生活与实践的理论之树也有可能是常青的，甚至有可能是万古常青的！

叶永刚

2018 年 6 月 23 日

于珞珈山

中国金融安全与三个基本问题

——2018 年 12 月 15 日在"北京第一届金融安全论坛"上的发言（摘要）

谢谢大会主办方给了我这次难得的发言机会。

我讲三个基本问题。

一是发展与稳定的关系问题。

金融安全对于我们的国家来说，是一个稳定全局的问题。但是我们不能将这个问题与发展问题割裂开来。我们需要的是稳中求进，而不是"唯稳"。从前面的发展中我们可以看出，有人是将发展与稳定对立开来的，这种观点是有害的。

二是内因与外因的关系问题。

本月 9 日，我们也举办了一个与此相似的论坛。我们得出的结论与本届论坛的结论大同小异。那就是 2019 年的日子会比 2018 年更为难过。

我们愿意在这里提出一个问题让大家一起来思考，即这几年的金融稳定与安全，到底最重要的是内因还是外因？我们中国有一个说法，叫作"堡垒最容易从内部攻破"。我们这几年的宏观经济政策有没有值得重新思考和关注的地方呢？

2015 年的股市动荡，主要是内因而不是外因形成的。我们的货币政策造成了脱实向虚，这也是这些年经济下行的重要原因。与此，我们在考虑金融安全时，不仅要考虑外因，而且要关注内因，并且要更注重内因。

三是政府与市场的关系问题。

我们目前的金融隐患不仅来自市场，而且来自政府。并且我们认为地方政府的债务风险是目前最为突出的金融风险。

解决当前地方政府债务风险最有效的手段，是要将政府的有形之手与市场的无形之手结合起来抓。从短期来看，可以将财政风险转移给地方政府平台。从长期来看，必须推动产业发展。

如何推动产业发展？我们认为构建政府主导的融资担保体系是一个重要的手段。"担保体系+企业股改+股权融资"，这一盘棋就活起来了。这就是在当前形势下政府与市场结合的具体形式。"担保体系"是政府主导的，后面两项措施"企业股改"和"股权融资"则是市场驱动的。

讲到这里，大会主持人提问："叶老师您好，您一直在研究宏观金融工程，您能不能用宏观金融工程观点和方法，分析一下政府和市场的关系？"

我说，我们将国家主权资产负债表拓展为宏观资产负债表时，就找到解决这个问题的突破口，就找到了宏观分析的微观基础。经济社会中的任何一个部位都可以编制资产负债表，可以进行微观方法的分析了。无论对我们的国家主权，还是各级政府和各个主要经济部门来说，无非都是一个"大资产包"，都可以进行资产定价分析了。

这种分析方法来源于中国文化中的"太极图"。太极图中主要讲阴阳平衡。我们过去更多想到的是"两点论"，即"阴阳两点"。但是，这里还有第三点，即"平衡点"。这是阴阳相互转化的"转折点"。我们不仅要关注"两点"，还要关注第三点，我们的目的就是要在控制这个"大资产包"的"安全"的基础上，找到发展与稳定的"平衡点"，并且"稳中求进"，突破这个平衡点。

第二天，我在从北京回武汉的途中，接到了一个与会者发来的短信："叶教授，您好！您在这次论坛上的发言让我深受启发。您不仅讲到了发展与稳定的平衡关系问题，而且讲到了这个平衡点，讲到了这个平衡点就是资产的效率问题……"

坐在奔驰的列车中，看到窗外广阔的原野，想着这位与会者的感受，我的内心深处有一种陶醉在春天般的欣慰与喜悦……

叶永刚

2018 年 12 月 17 日

于珞珈山

套利空间与地方政府债务

如何认识套利空间与地方政府债务之间的关系？

我们还是从套利图上来分析。

上面一个圆圈代表的是经济，是 GDP 或者称为 P。下面一个圆圈代表的是金融，是社会融资规模 K。

K 与 P 之间存在一个相对固定的比例，一般说来 K 可以带来相应的 P。

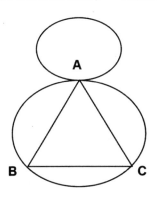

图 5-12　金融工程套利图

中国地方政府不断扩张的债务带来的是什么呢？毫无疑问，是中国经济的快速发展，是中国经济发展的一个利器！

但是这种发展由于没有严格地控制金融风险，因此留下了隐患，如果这些隐患不消除，中国经济就会难以持续发展。

这种隐患就是我们所说的负套利空间。这种负套利空间就是亏损，就是需要还本付息而借入的资产，又未形成现金流而造成的亏空。这笔账是赖不掉的，因为其来源归根结底还是大家在银行的存款，弄丢了就是社会问题。

因此，我们的出发点是消除隐患。如何消除地方政府债务隐患，特别是隐形债务的隐患？

简单地说，就是两条：

1. 眼前，借新还旧；

2. 长远，产业化。

借新还旧可以解决眼前问题，但是解决不了长期问题，甚至造成了更大的长期问题。人们常常爱说的一句话叫作"以时间换空间"，换来了一个什么样的空间呢？那就是一个更大的"黑洞"，那就是更沉重的债务负担。

因此，剩下来的最后一条道路就是产业化，就是用长期发展来从根本上解决债务问题。

从这个意义上讲，解决地方政府债务风险只有一条路：产业化！

叶永刚

2019 年 7 月 22 日

于珞珈山

恶性循环与良性循环（之一）

夜深人静，一个人躺在床上难以入睡，老想着政府的债务风险问题，特别是政府的"隐形债务"问题。

有不少的地方政府实际上已经破产了，但表面上还在维持着"正常状态"。维持"正常状态"的办法万变不离其宗，也就是"借新还旧"。

但是，"借新还旧"的直接作用就是使债务规模更大，使还本付息的负担更重。本来用来借钱的那个"资产包"已经形成了一个"黑洞"。借新还旧造成的直接后果就是使"黑洞"越来越大。我将这种现象称为地方政府债务的"恶性循环"。

从哲学上来分析，这种恶性循环与"负套利空间"的形成有直接关系。

还是来看金融工程套利图，图 5-13 是理想状态。

但是，地方政府现在出现了不理想的状态，即这种地方政府没有冲破"A"点，没有形成"正套利"，所以他们的金融工程套利图如图 5-14。

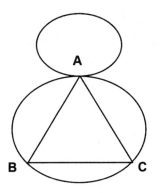

图 5-13　正套利空间

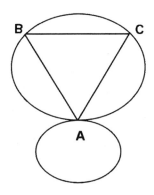

图 5-14　负套利空间

这种"负套利空间"的极端形式就是"庞氏骗局"。

地方政府形成的"地方政府债务"很大程度上就是一种"变相的庞氏骗局",我将它称为"穿着马甲的庞氏骗局"。其实质就是庞氏骗局,"穿着马甲"是表现形式有别而已。

我们之所以要研究这种"恶性循环"的"负套利空间图"就是要让它变成"正套利空间图"。这种变化的条件和路径就是"A"点,就是成本收益法,就是无套利分析,就是控制"C"点、推动"B"点、突破"A"点的金融工程哲学原理。

问题的实质不在于"借新还旧",而在于金融工程的"三字经",即"借、还、赚"。只念这"三字经"中的一个字"借"是远远不够的。但是,很多地方政府的领导恰恰只念一个字:借、借、借!

如何"还"，就得赚！就得做大做强地方产业，产业由企业构成，即要做大做强企业。没有企业和税收，地方债务何时能够还清！

为什么过去也是这样在借，也是这样在延续，就能够"混下去"呢？因为过去的环境与现在的不一样。因为过去有"土地财政"支持，有中央财政对地方财政的事实上的"兜底"；因为过去有财政对政府融资平台的担保；因为过去对此没有问责制。而现在，这一切都没有了！

"南郭先生"混不下去了，只想逃跑！

我们希望"南郭先生"不要逃跑了！"南郭先生"可以静下心来，好好地想一想，把这问题想清楚，把基本思路和办法想清楚，这个事情不就好办了吗？

应对眼前困局的办法，别无选择，依旧是"借新还旧"。现在财政已经将这些债务转移给了融资平台，形成了"隐形债务"。很多融资平台实际上已经破产了，但是中央要求地方"守住不发生系统性风险的底线"，这就意味着不能破产，不能"爆仓"！这就是所谓的"大而不能倒"。因为它们一倒，银行就倒了，买地方债的老百姓就倒了。而这些都是"大"，都是不能倒的。于是，眼前剩下的就只有一条路：借新还旧！

逃过了眼前，逃不过长远！

解决长远问题，我们建议"三板斧"！

1. 企业股改；

2. 发行可转债；

3. 政策性融资担保。

我们将这戏称为"三套车"。唱好了这一首歌，就可以解决"长期"和"长远"问题了！

叶永刚

2019 年 1 月 6 日

于汉阳

地方政府债务恶性循环与良性循环（之二）

我的助手叶非给我发来了吉林市 2018 年重点课题研究结题评审的通知。题目是"吉林市地方政府债务风险化解问题研究"。

我们必须高度重视这个项目的结题，因为它涉及下一步对于吉林市金融工程的开展。

如何做好这次结题工作？

我想在做 PPT 时，可以围绕金融工程套利图展开分析。在展开这种分析的过程中，重点解决恶性循环与良性循环的关系问题。因为我们现在面临的问题是"恶性循环"，我们的任务是将恶性循环变成良性循环。

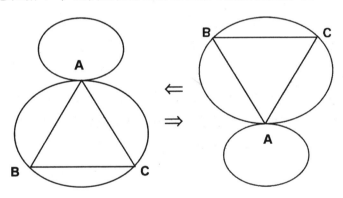

图 5-15　从良性循环到恶性循环

首先画出两个金融工程套利图，来明确所面临的问题、目标和任务。

图 5-15 的左边揭示的是正套利空间，即我们强调的良性循环；右边形成的是负套利空间，即我们所面临的恶性循环。

这个图形中有两条横向的箭头。

下面的箭头表示的是地方政府债务风险的恶化路径，而上面的箭头则是优化路径。

我们现在面临的是恶化路径，需要努力的是优化路径。

为什么会形成恶化路径？

形成这种恶化路径主要有两个原因：一是体制，二是管理。

从体制上看，地方政府债务的形成既有中央财政与地方财政的关系问题，又有财政与金融的关系问题，还有财政与国资的关系问题。财政、银行与国资这三者都是政府内部矛盾。三者交织在一起，这个关系长期都没有理得太清楚。

从管理上看，问题主要出在融资平台上。融资平台过去是事业单位，由财政"统收统支"，平台是为财政"打工"的，因此平台公司所形成的所有债务都应该是财政的债务。平台吃的是财政的"大锅饭"。"大锅"必然存在低效率的问题，存在"负套利空间"问题。不断地借新还旧，必然会形成恶化路径。

如何才能形成优化路径呢？

对策既要有短期对策，又要有长期对策。

短期对策就是"借新还旧"，即我们所说的"放水"。我们不能不"放水"，不"放水"就很难"守住底线"了！而短期对策的主要工具就是银行续贷和政府发债。

长期对策就是"创新正套利空间"，就是要"刮骨疗毒"，将融资平台去平台化，就是要将这种事业单位变成企业，变成真正意义上的市场主体。不仅要变成市场主体，而且要市场化，要通过管理资本而不是直接控制企业来促进产业发展。在这个时期上的金融措施主要就是股份制改造和产业金融工程。

更明确地说，平台公司改制、民企股改、银行续贷和政府发债这四种金融工具，就可以将长期对策与短期对策结合起来，推动地方政府的债务从恶性循环走向良性循环。

由此一来，地方政府债务的"恶性循环"可以休矣！

叶永刚

2019 年 1 月 22 日

于大连

套利空间与地方政府债务风险化解

地方政府债务风险的化解，已经成为各级地方政府面临的急迫任务！

过去由于财政担保，由于有土地财政，所以大家不用操心钱的问题。因为证券公司和各家银行趋之若鹜，就怕地方政府不要钱，要多少给多少！

现在呢？叫作"三十年河东，三十年河西"！中央财政不愿给地方财政兜底，不允许财政担保，且房地产价格也受到了控制。证券公司跑了，银行也躲了。地方政府叫天天不应，叫地地不灵，不知该怎么办才好了！

怎么办？金融工程来办！

运用金融工程的基本原理来分析一下地方政府债务风险及其产生的原因。

来看图5-16金融工程套利图，简称"金工图"。

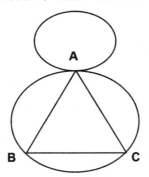

图 5-16 金融工程套利图

首先来看地方政府的"零债务风险"状况。

地方政府若想没有债务风险，要么是不借债，要么是借了债之后还得了。不借款的可能性很小，仅靠税收是办不了像样的事情的。要借债，只有还得起才能没有风险。要没有风险，看清楚图5-17就可以做到了。

为什么会有风险呢？

我们来看图5-17：

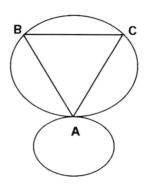

图 5-17　负套利空间

这是一幅"负套利空间"图。为什么会有"负套利空间"呢？

因为地方政府在借钱时，其收益没有超过成本，造成了亏损，也就是没有突破 A 点。不少地方政府不仅存在"负套利空间"，而且存在很大的"负套利空间"，甚至存在越来越大的"负套利空间"。

这就是我们面对的"地方政府债务风险及其产生的原因"。

如何化解地方政府债务风险？

有人开出一剂药方，叫作"去杠杆"，就是不让地方政府再去借钱了。

这种措施看起来有道理，实际上没有道理，简直就是无稽之谈！

"去杠杆"就能让地方政府还清前面制造出来的"负套利空间"吗？"去杠杆"就可以让政府不再搞经济建设吗？要知道，金融就是"资金融通"，就是"借钱"。借钱不就是"杠杆"吗？去了"杠杆"不就是去了金融吗？去了金融还有什么"经济"和"经济发展"呢！

我们再来仔细地分析图 5-18。

地方政府不仅不能"去杠杆"，而且还要"加杠杆"！但是，这个加上的"杠杆"再也不能像以前那样制造"负套利空间"了，而是要制造"正套利空间"。也就是要让借来的钱产生效益，要在还本付息之后，还能赚到钱。这种"赚到的钱"不就是"正套利空间"吗？

我们用这种"正套利空间"干什么呢？首先还清先前的"负套利空间"，这就盘活了"存量"。我们正是重新运用杠杆做活了"增量"，并且运用"增量"盘活了"存量"。"增量"和"存量"难道不都是运用杠杆盘活了吗？

这种道理才是真正的经营、经济之道，地方政府风险化解之道！

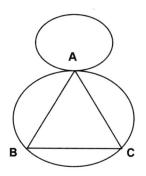

图 5-18 正套利空间

写到这里，我想起最近某个地方在推进县域金融工程的过程中，有一个财政局局长找到我。他告诉我说："叶教授，听了您的报告，我很受启发，我明白了地方政府债务风险的化解，只有靠借新还旧的办法才能解决。借新还旧不仅要还旧债，还得用新借的债去赚钱，用新赚的钱去还旧债造成的亏损。这样做才能既摆脱困境，又能迎来一个新的发展机遇。"

我激动地握着他的手，只说了一句话：

"您说得太对了！"

叶永刚

2018 年 9 月 23 日

于珞珈山

套利空间与"系统性金融风险"防范与化解

我们系的宋凌峰老师拿着国家自然科学基金委员会 2018 年应急管理项目"防范和化解金融风险"申请指南来找我，要我领衔去申请该项目。

我已经快到退休年龄了，多次在学校和经济与管理学院表态，"我也不再申请任何项目"了！用武汉地区的一句俗语来说，叫作就要"洗了睡"了！

但是，这次宋凌峰老师又来找我了。"金融工程教研室的老师们商量了一下，这个项目简直就是为我们‘武汉大学金融工程学科’量身定做的，因为我们这十多年来，都是在做这个研究方向，而且出了那么多的研究成果，而且这些成果都是在叶老师您的带领下做出来的。您说说，您不带头做，谁带头做!"

人啊人，还是有弱点的，还是经受不住别人的三句好话啊! 我居然又答应了。

晚上，我翻来覆去地在想，这个课题从哪儿突破呢? 这个指南的大题目是"防范和化解金融风险"，但是国家自然科学基金委员会在该指南中列出了十二个子课题要大家选择，并且让全国竞争，最后支持十来个项目。

我和大家商量了一下，准备去竞争第一个项目，即"国内经济政策与金融风险防范"。

这个题目从哪儿下手呢? 还是从"系统性金融风险防范"下手吧!

我们开始提出了五个小题目来支撑这个项目：

1. 国内经济政策与系统性金融风险;

2. 国家金融风险防范与化解;

3. 省域金融风险防范与化解;

4. 市域金融风险防范与化解;

5. 县域金融风险防范与化解。

后来，宋凌峰老师提出了新的思路：

1. 国内经济政策与系统性金融风险;

2. 政府部门金融风险;

3. 金融部门金融风险;

4. 企业部门金融风险;

5. 地方政府金融风险。

今天我一个人在办公室反复思考，家庭部门的金融风险要不要考虑呢? 昨天晚上，我已经毕业的学生刘宇奇来看我，说家庭部门的资产负债率已经达到59%，个人部门的风险已经不得不重视了。能不能调整一下，理出六个小标题：

1. 国内经济政策与系统性金融风险;

2. 政府部门金融风险;

3. 金融部门金融风险；

4. 企业部门金融风险；

5. 地方政府金融风险；

6. 家庭部门金融风险。

这个课题的理论基础是什么？我想起宏观资产定价理论。

这个课题的方法论基础是什么？我想起了宏观资产负债表。

正因为有了中央政府和地方政府的宏观资产负债表，我们就可以在各个层面运用"金融工程套利图"。我们只要让宏观资产的收益率超过其成本，就可以控制各个层面的金融风险，这正是"正套利空间"。看来，我们的"金工图"不仅可以解决各级政府面临的经济金融问题，还可以用来申报国家课题呢！

接下来，我们就要召集教研室的老师来做这个课题的研究提纲和项目申请书了！

叶永刚这个老家伙，又要像以前一样，浑身披挂、冲锋陷阵了！

叶永刚

2018 年 9 月 23 日

于珞珈山

第六章 金融工程哲学方法在宏观金融中的应用

金融工程套利图与县域金融工程 1.0 版

所谓县域金融工程 1.0 版，主要指发端于湖北省通山县的"通山模式"。

2012 年的春天，我们拉开了通山县域金融工程的序幕，其后一发而不可收，一直走向全省、走向全国。

现在回过头来细想一下，尽管我们当时有很多金融创新，但真正发挥了重要作用的也就是那几条措施：

1. 企业股改挂牌；

2. 企业股权质押融资；

3. 政府政策性融资担保；

4. 政府产业基金。

这四条措施，看起来简单，它们发挥的作用可不小呢！

在中国各地的县域金融工程实施过程中，这四条发挥了重大作用，真可谓"雪中送炭"，而其他的措施则只是"锦上添花"罢了。

以这四条措施为代表的"通山模式"，与金融工程套利图有关联吗？有的！

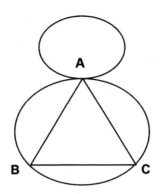

图 6-1 金融工程套利图

在前面分析金融工程套利图时曾经说过以下基本观点：

1. 金融工程必须"一手抓住两条鱼"，一条鱼是风控，另一条鱼是创新；

2. 金融工程不仅要"一手抓住两条鱼"，而且第一条还要大于第二条。这就是突破 A 点的含义。

我们再来看看"通山模式"的"三招"。

"企业股改挂牌"和"企业股权质押融资"，这都属于"金融创新"，即抓住了"第一条鱼"。"政策性融资担保体系"即抓住了"第二条鱼"。通山的金融工程示范第一年就创造了 20% 以上的经济增速。这不就是抓住了"第三条鱼"了吗！

因此，可以下结论：

通山县域金融工程 1.0 版的成功，就是金融工程套利图中所揭示的金融工程方法论的具体应用！

叶永刚

2019 年 4 月 7 日

于珞珈山

套利空间与县域经济起飞论（之一）

此生有幸，在攻博期间师从谭崇台先生，学习、研究发展经济学。几十年下来，我一直在琢磨一个问题，即金融与经济的关系问题。

后来到美国学习金融工程，又将金融工程与发展问题联系起来，提出了宏观金融工程的理念和构想，并将它应用于中国的经济实践中。

在研究宏观与微观打通的金融工程的过程中，我们又将中国哲学与金融工程联系起来，形成了金融工程套利图。

近年来，在思考金融工程套利图的过程中，我常常想，能不能把过去跟着谭崇台先生所学习的经济起飞论与金融工程套利图结合起来思考呢？我觉得是有可能的。

我们还是先来看图6-2金融工程套利图。

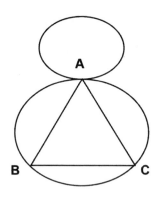

图6-2 金融工程套利图

上下两个圆圈的关系是经济与金融的关系。在这里经济可用GDP来表示，金融可用投融资规模来表示。

在GDP和投融资规模之间，我们可以找到一种投入产出比。有了这种投入产出比，我们就可以把金融工程与经济增长结合起来分析了。

按照金融工程套利图，金融工程师必须一手抓住"三条鱼"：①盈利；②

创新；③风控。

这"三条鱼"体现在县域经济工作中，就是要解决"李翔三问"，即钱从哪里来？钱往哪里去？钱的风险如何控制？

我们将这三个问题的解决措施称为"核爆炸理论"，即"核聚变""核裂变"和"核爆炸"。

"核聚变"是通过政府及其投融资平台公司来完成的。这个过程叫作"资源资产化、资产资金化"。

"核裂变"是通过政策性融资担保基金和产业引导基金来完成的。

"核爆炸"是通过产业金融工程来完成的。

这种"核爆炸理论"即经济起飞论，在县域经济中，则是县域经济起飞论。这种经济起飞是通过投融资规模的迅速扩大来实现的。

我国作为一个发展中国家，二元经济是其发展的典型特征。农村经济这一元有一个重要现象，就是资金流失。一般说来，县域有50%的存贷比留在当地应用就不错了。

如果我们运用县域金融工程的"核爆炸理论"来留住这流失的50%资金，县域经济不就可以翻番了吗？这就是经济起飞论，这就是经济增长理论，这就是"大推进理论"！

这样，我们的宏观金融工程就和经济发展建立一种内在的逻辑关系。

叶永刚

2019年8月20日

于上海浦东

金融工程套利图与县域经济起飞论（之二）

金融工程套利图与县域经济起飞论之间的关系，不仅可以通过"李翔三问"来分析，还可以通过"叶氏五问"来分析。

"叶氏五问"比"李翔三问"多了两问，这两问就是"钱是什么？"和"钱的作用如何充分发挥？"

了解了"钱是什么"就可以进一步解放思想。钱是什么？钱是一般等价物，也是资源配置的一种方式。它可以从时空两个维度集中配置资源。在此我们总结了三句话："用明天的钱办今天的事，用昨天的钱办今天的事，用别人的钱办自己的事。"叫作抓"主要矛盾"，叫作"伤其十指不如断其一指"，这叫作"一指禅"，叫作"经济增长极"。"经济增长极"就从"叶氏五问"中的第一问而来。

在"叶氏五问"中，我们把"钱的作用如何充分发挥"称为第五问。一问和五问之间夹着"李翔三问"。这"第五问"可以解决经济发展的"加速度"问题。

"核聚变"与"核裂变"解决了经济发展中的融资问题。不仅如此，它们还形成了一个具有风控体系的资金闭环。

我们知道，政府融资才是地方政府的"经济发动机"。如何加大"发动机"的"马力"？装入更多的资源进行"资产资金化"，就可以！

原来我们的经济是可以这样起飞的呀！

叶永刚

2019 年 8 月 26 日

于上海浦东

县域金融工程中的"螺旋式上升"策略
——路径选择中的时空论

我们过去在县域金融工程实施过程中，强调了 $y = 1 + x$ 的工程化表达方式。

这种表达方式告诉我们，县域金融工程的关键是要弄出"1"个有极强操作性的方案。在这个方案中，又强调了路径的选择与优化，即"x"。

然而，什么是路径的选择与优化？

路径的选择与优化，应该从两个维度来进行分析。一个是空间维度，一个是时间维度。

从空间维度上看，我们在"$y = 1 + x$"中，选出x_1、x_2、x_3……这些x中的每一个子x，都不止一个变量，我们在这些x的变量中进行排列组合，然后选择最优的x结构来解决县域经济问题。这便是我们的"方案"，也是我们的"路径"，也是我们的"策略"。

但是，我们在这种路径选择和优化的过程中，却忽视了时间结构的选择与优化。我们在这个过程中，还可以从时间上进行安排与布置，以达到更好的金融资源配置效果。这就是我们在这里所要分析的"螺旋式上升"的策略。

这种策略首先使用的是"断指法"，也叫作"伤其十指不如断其一指"。我们首先挑出主导产业，在主导产业中挑出一批主导企业。对于这批企业，我们首先在时间x_1可以采取如下的措施：

1. 企业股改；

2. 银行股权质押贷款；

3. 政策性融资担保贷款。

这一轮措施运用后，企业和银行都向税收部门缴税。

接下来是下一个时间，即x_2。政府再运用所收到的一部分税收，继续充实政策性融资担保基金。这些新增的担保基金便可以使第二批企业进入筛选过程和融资过程。

于是在x_2，股改企业的总量扩大了，融资规模也扩大了。

然后，进入了时间x_3。在x_3再进一步运用财政杠杆，去撬动金融市场，经济发展便形成加速了！经济在金融的驱动下，就可以形成增长极，就可以起飞了！

这就是"螺旋式上升"理论，这就是"县域经济起飞论"！

看来，政策的"第一桶金"很重要，这"第一桶金"就是政策性融资担保基金。

如果政策没有这"第一桶金"，怎么办？

没关系！县域金融工程中还有一招，叫作"政府融资"！

我们帮助政府融资的办法多着呢！

这就使县域金融工程有了广泛的适应性！

任何一个县域，哪怕再贫困的县域，也可以按照这一套做法，走上致富的康庄大道了！

叶永刚

2019 年 6 月 29 日

于珞珈山

套利空间与激光业金融工程

我希望将"套利空间论"运用到产业金融工程之中，让产业金融工程有一个坚实的理论基础。

我终于找到了一个很好的案例，那就是激光产业。昨天下午，我们去了湖北楚天激光产业集团，和他们讨论激光产业与金融结合的问题。

我准备让武汉大学中国金融工程与风险管理研究中心、长江金融工程研究院和楚天激光集团一起，打造中国激光产业金融工程研究基地。

讨论会前，我进行了深入的思考：

我又想到了太极图。太极图的"二分法"让我想到了有与无的关系问题。我又想到了老子的"道生一，一生二，二生三，三生万物"。我们的金融工程不就是要玩无中生有吗？我又想到了"套利空间"，"套利空间"不就是要"有大于无"吗？

我又想到了"套利空间"与产业金融工程的关系。产业不就是一个"大茶杯"。我们在"茶杯理论"中，不是分析如何创造套利空间和"五大法宝"吗？那么，"五大法宝"与我们的科学技术到底有什么关系呢？我们如何把科学技术这一元素的分析，让它能够令人信服地进行"套利空间"的创造呢？

174

下午的讨论会，我进行了发言。

我说："一个月之前，我去了一趟日本。春天的夜晚，我们站在东京湾的沙滩上休息，看到整个东京湾差不多一片黑暗。夜风中只有稀疏的灯火，在水面上和夜色中闪亮……

"我在想啊，这昔日的大日本帝国怎么了，怎么就没有想到用激光来让整个东京湾亮起来呢？我们武汉大学的东湖不是亮起来了吗？我们的长江不是亮起来了吗？我们的每一个深山老林的县城不都亮起来了吗？

"一股自豪感从我的胸中油然而升，升起在那个东京湾的夜晚……

"我的这个自豪感，很大程度来自激光产业，来自我们在座的孙文总经理及他所带领的这个团队。目前，他和他的团队正走进县域金融工程和'套利空间'……

"刚才大家已经看到了各个部门的介绍。在这里，我要根据这些介绍讲一讲激光产业与'套利空间'的关系。楚天激光集团中有激光智能制造模块、有激光美容模块、有激光商城模块，还有激光文化旅游模块。就拿激光文化旅游模块来说吧。

"他们想在各个县城大妈们跳舞的地方做文章。他们准备在这里打造一个文化广场。广场上面变成激光秀和激光剧布置的一个不夜城，广场下面变成一个灯火辉煌的地下商城。这个商城是'挖地三层'掏出来的一个'童话世界'……

"这与我们的'套利空间'有关系吗？

"有的，有很大的关系呢！

"我们在'创造套利空间'的过程中，不是有'五大法宝'之说吗？其中一个法宝不是叫作'加法'吗？我们运用这个'加法'，加进科技元素和管理元素，不就提高文化旅游的收益率了吗？不就在这里创造出了文化旅游产业的一种'盈利模式'了吗？有了这种盈利模式，我们不就可以通过'融资'来形成'无中生有'的良性循环了吗？

"清楚了这个道理，我们再看这个激光文化广场。由于有了这个'激光广场'，该县城的黑夜变成白天。文化广场下面'挖'出来的地下商城，这相当于天上掉下来的馅饼，一下子解决了这个'资产'的收益率问题。它所产生的经济效益完全可以覆盖整个激光文化广场建设的所有成本，而且还会有所盈利。这不就解决了'收益率大于无风险利率'的问题了吗？

"一个县城可以这样干，中国的哪一个县城又不能这样去干呢？中国的县域金融工程有福了，中国的县域经济有福了，中国的经济发展有福了！

"县域金融工程在这里还有让大家更加热血沸腾的构造呢！

"楚天激光集团，可以用激光技术和管理技术作为无形资产，与县域拿出的土地放在一起，组建一个股份化企业。我们将这个股份化企业拿到区域性股权市场挂牌，挂牌要么以股权质押融资，要么在资本市场上发行私募可转债，并且政府可以通过担保体系为该企业增信。或者，政府用产业引导基金跟随投资。要不了多久，这个'激光文化广场公司'转板上市，说不准公司的高管很快就可以到纽交所，拿起落槌敲响金锣呢……

"这不是在'挖地三层'的'无中生有'的基础上，又加进了'制度设计'的'无中生有'，这些管理上的'无中生有'又有'激光技术'的'无中生有'，'套利空间'不就被我们创造出来了吗？不仅创造出来了，而且奇迹般地创造出来了！

"厉害了，我们的激光产业！厉害了，楚天激光集团和我们孙总团队……"

有人在我的发言后大发感慨。

我在想，这个发言者还有一个小小的补充呢！我还要说，厉害了，套利空间；厉害了，激光产业金融工程；厉害了，金融工程哲学！

叶永刚

2018 年 5 月 20 日

于珞珈山

金融工程哲学方法在产业金融工程中的应用

在金融工程特别是在宏观金融工程中，产业金融工程是一个十分重要的组成部分。无论是乡村金融工程，还是县域金融工程，甚至直到金融行业的金融工程，都离不开实体经济，实体经济就是产业，而产业就是企业！

那么，能否运用金融工程的哲学方法，来分析产业金融工程呢？

金融工程的研究对象就是金融资产。金融工程套利图，实质上就是运用哲学方法来分析金融资产。产业是企业的集合，企业有资产负债表，产业不就可以将这些企业的报表归并吗？这就是一个归并后的资产，我们姑且就叫作"产业资产"吧。

我们首先来分析和测算这个"产业资产"的金融风险，并且运用担保体系来控制这些风险，这不就解决了"产业资产"和"C点"问题吗？

我们再来运用金融创新方法，解决这个"产业资产"的融资问题。我们将资本市场、货币市场和保险市场所有的金融工具全部都用上去，构建一个完整而有效的融资体系。这不就解决了"B点"的创新问题吗？

我们最后运用成本收益法，来解决"产业资产"的净资产问题。让其不仅有正套利空间，而且使其融资规模迅速扩大，这不就解决了"A点"的盈利问题吗？

金融工程套利图中的"A、B、C"三点都在这里找到了自己的立足点，而且"A、B、C"三点在这里发挥协同创新的作用了！

主导产业的问题一旦解决，经济发展的战略目标也就可以实现了！区域金融工程是这样，国家金融工程又何尝不是这样呢？全球金融工程又何尝不是这样呢？

叶永刚

2021 年 1 月 2 日

于珞珈山

套利空间与乡村振兴金融工程

从太极图到内经图，到金工图，我们一路走进了套利空间。

接下来，我们多花一些时间来思考套利空间与宏观经济的关系，或者说与经济发展的关系。

我们曾经在有关篇章中得出如下的结论：从宏观上看，套利空间就是 GDP！

然而，什么是宏观呢？这是经济学中的术语，指的是经济社会。这个概念是与微观相对应的。微观指的是个体企业与市场，而宏观则指的是政府。

而政府又是有层次的。联合国是一种全球的"政府"，而中央政府下面还有省级、市级、县级政府。再往下就是乡村了！乡村也可以分为三级，镇、乡、村，甚至还有小组呢！

由于按照目前的行政级别，小组近乎村级的一个部门。因此，我们在分析经济活动时，可以将村级作为最基层的级别。

由此一来，乡村金融工程可以重点分析镇、乡、村三级。在大多数地区，有镇而没有乡，因此，我们分析的重点为镇、村两级。而村级又属于镇级管辖，所以我们在乡村金融工程的研究过程中，重点是镇级的分析。

按照宏观金融工程原理，一个镇就是一个"资产包"。解决了这个"资产包"的定价问题，也就解决了这个镇的有效资源配置问题。

如何有效地配置资源：

1. 提高"村资产包"的资产收益率；

2. 使其资产收益率超过无风险利率；

3. 政府资源综合配置；

4. 打通所有的融资渠道；

5. 资源的全球化配置。

我们再来分析图 6-3 和乡村金融工程的关系。

首先看 C 点。

对于"乡村资产包"来说，C 点意味着风险或者成本，其实风险也可体现为成本。B 点意味着收益，而 A 点是收益等于成本的平衡点。

"镇资产包"的收益只有超过成本才能够形成"套利空间"，即 GDP。否则，就是在制造亏损。

从经济学的层面来看，乡村干部就是要发现和创造"套利空间"。对于我们在这里所强调的乡村金融工程来说，如何创造"套利空间"呢？

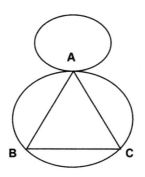

图 6-3　金融工程套利图

我认为在目前的情况下，可以找到以下七个突破口：

（1）企业股改。这是通过资本市场来整合资源。我们可以将一个村变成一个股份制企业。

（2）小额贷款。这是通过货币市场来整合资源。

（3）农业保险。因为乡村的产业主要是农业，而农业金融工程的前提是控制风险。

（4）互助基金。目前农村合作金融是空白，互助基金是最需要我们去探索的金融创新工具。

（5）互联网金融。这是目前最为混乱和薄弱的环节，但是它是今后发展的重要方向。

（6）融资担保。加上这个金融工具，乡村金融工程就有了切实的保障。

（7）乡村基层党组织的领导作用。离开这一条，整个工作都会难以开展。正因为如此，乡村金融工程必须以乡村政府为主导，金融机构推动，而研究机构则可以提供技术支持。

有了以上七条措施，乡村金融工程基本上可以落地了。

乡村金融工程与"套利空间"的关系也就不难理解了。

叶永刚

2018 年 7 月 3 日

于珞珈山

套利空间与扶贫金融工程

最近接触到不少县域扶贫工作，发现存在金融风险隐患，有悖于金融工程"套利空间论"。

还是来看图6-4金融工程套利图，简称"金工图"。

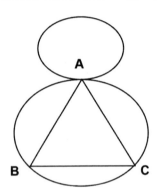

图6-4 金融工程套利图

在该图中，我们将C点定义为负能量，B点为正能量，A点为平衡点。

用金融工程的术语来解释，C点为风险控制，B点为金融创新，A点为收益等于成本的平衡点。

我们再来分析扶贫金融工程中出现的情况。

有一个县的领导同志告知我，他们将扶贫资金存放在某家商业银行，让银行给贫困户1∶1放大贷款后，以小额贷款的方式贷款给贫困户。为了防范信贷风险，商业银行让专业互助合作社对这些贷款担保。

仔细琢磨，这种扶贫贷款是存在金融风险的。从小额贷款的形式看，我们过去是从格莱珉银行学来的，这是经济学家尤努斯（Muhammad Yunus）的贡献。我们几乎是照搬照抄了他的这一套做法。但是在中国的实施并不成功。因为在贷款时并没有消除商品的市场风险、价格风险和自然风险等。因此，靠"连坐"的方式是保证不了信用风险防范的。很多银行的小额贷款都出现了不少的不良贷款。

从现在的金融扶贫情况来看，农户的小额贷款依然存在各种风险。从表面上来看，有两道"防线"。第一道"防线"是农业互助合作社。从目前农业互助合作社的实力来看，根本承受不了农户贷款的信用风险。第二道"防线"是存放在银行的扶贫资金。

且不说这种扶贫资金如果损失掉了会不会追究相关部门的责任，仅从这笔资金对付大面积信贷损失的负担来说，其承受能力也是值得怀疑的。

如果连这笔资金也损失掉了，只有"啃掉"商业银行的老本了。

那么扶贫攻坚呢，能持续下去吗？银行还敢再贷款吗？

用金融工程套利图的方法论来分析，这种情况只考虑了金融创新的"B"点，而没有深究控制风险的"C"点。看起来有"两道防线"，但这"两道防线"并没有能力"守住底线"。因此，这就使得这种金融扶贫的做法无法突破"A"点形成套利空间。

我在给这些县域做培训时，给他们提出了一些新的路径和措施。

我告诉他们，可以采用"政府融资与扶贫资金+担保体系+企业股改+股权融资+订单农业+贫困户小额贷款"的方式。

这种方式只是各种优化方式中的一种，我们还可以做出各种其他的探讨。但就这种方式而言，显然优于现行的做法。因为"最后的防线"是企业，企业的最后防线是政府的担保体系。

这就消除了商业银行的信用风险和地方政府存在的政治风险。

这就做实了"金工图"中的"C"点，并且让金融创新带来的正能量突破"A"点，金融扶贫工作只有这样，才能顺利进行，并且达到预期目标。

叶永刚

2018 年 11 月 24 日

于珞珈山

金融工程哲学方法论及其在中国乡村振兴中的作用

——2020 年 11 月 29 日上午，在第十八届金融工程
与风险管理年会上的发言（摘要）

谢谢大会主持人给我在特邀报告会场上发言的机会！

我今天给大家汇报的题目是《金融工程哲学方法论及其在中国乡村振兴中的应用》。

我在这里主要讲两个问题，一个是金融工程套利图，另一个是乡村振兴金融工程创新。

我教了快一辈子的书，过去讲的多是别人的理论和想法，今天我要在这里讲讲自己的想法。

我将图 6-5 称为金融工程套利图，简称为"金工图"。

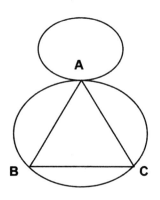

图 6-5　金融工程套利图

1. 一点论。上面的图形是"目的论"。金融工程目的对于微观来说是利润，对于宏观来说是利润之和，即我们所说的 GDP。

2. 两点论。金融工程是目的与手段的统一。手段就是图形。该图形代表"金融"。"两点论"就是要研究经济与金融之间的关系。

3. 三点论。金融工程就是"一手抓三条鱼"。我们戏称为"三条鱼理

论"。第一条鱼是 C 点，风控；第二条鱼是 B 点，创新；第三条鱼是 A 点，盈利。

4. 系统论。这是开放性的系统。

接下来我们看看乡村振兴金融工程的要点：

（1）乡村企业股改（A 点）；

（2）乡村小额贷款（B 点）；

（3）乡村融资担保（C 点）。

A 点体现的是钱往哪里去，B 点体现的是钱从哪里来，C 点体现的是钱的风险如何控制。

一条、两条、三条构成了一个体现"三条鱼"理论的"全鱼餐"。尽管这个方案只是一个"简餐"，但这个"简餐"足以形成一个乡村振兴的金融工程模式，一个崭新的模式，一个事关全局的模式。有了该模式，中国的乡村振兴就可以开辟出一条崭新的道路了！我们的乡村振兴战略就可以顺利进行了！我们的乡村有福了，我们的父老乡亲有福了！

这叫作"小方子治大病"，更准确的说法，应是"小工具大战略"。这就是方法论的力量，这就是金融工程的力量，这就是方法论与工具论结合的力量！

叶永刚

2020 年 11 月 30 日

于北京

金融工程哲学方法在县域金融工程升级行动中的应用

金融工程的哲学方法集中体现在金融工程套利图。

金融工程套利图强调的是"三条鱼理论"，即"一手要抓三条鱼"：A 点，盈利；B 点，创新；C 点，风控。

这"三条鱼理论"在县域金融工程的 1.0 版中是如何体现的呢？

1.0 版就是"通山模式"。通山模式中使用了很多金融工程措施，但是现在回过头来看，最为有效的有以下三招：①企业股改；②股权质押融资；③融资担保基金。

这"三招"所体现的不就是"三条鱼"思想吗！

第一招体现的是盈利点，即 A 点；第二招体现的是创新点，即 B 点；第三招则是 C 点，风控点。

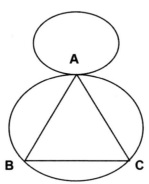

图 6-6 金融工程套利图

A、B、C 三点所要解决的问题也和我们过去在县域金融工程中所谈到的"李翔三问"有着密切的联系。李翔第一问是"钱从哪里来"，钱从 B 点来。李翔第二问"钱往哪里去"，钱往 A 点去。李翔第三问是"钱的风险如何控制"，钱的风险通过 C 点控制。

近年来，我们从县域金融工程的 1.0 版拓展到了 2.0 版。在 1.0 版中，我们主要解决了县域经济中的产业发展问题。在 2.0 版中，我们不仅要解决产业发展问题，还要解决国资企业金融工程创新问题和乡村振兴金融工程创新问题。面对这三大问题，我们主要运用了金融工程创新的"三板斧"：

1. 国资规模倍增行动计划；

2. 企业股改与上市；

3. 政策性融资担保。

其实这三招所体现的仍然是金融工程套利图中的哲学方法。

A 点，钱从哪里来？第一招。第一招非常厉害！这是我们的制度优势。

B点，钱往哪里去？第二招。第二招也十分管用。

C点，钱的风险如何控制？第三招。第三招可以给企业融资增信。企业做强做大，就可以带动乡村振兴发展了。

有了这"三招"，县域金融工程几乎就可以畅通无阻了。这"三招"是"雪中送炭"，再加上其他招数，就可以做到"锦上添花"，甚至可以做到"繁花似锦"！

可见，一旦掌握了哲学方法，就可以将县域金融工程运用得如鱼得水、游刃有余了！

叶永刚

2020 年 12 月 28 日

于珞珈山

金融工程哲学方法在市域金融工程中的应用

琢磨了金融工程哲学方法在乡村振兴金融工程中的应用"三条鱼理论"，"三板斧"即国资公司创新、企业股改和政策性融资担保体系。进一步思考了金融工程哲学方法在县域金融工程中的应用：同样"三条鱼理论"、同样"三板斧"，即国资企业金融工程创新、企业股改和融资担保体系。

金融工程哲学方法在市域金融工程中又是如何应用的呢？

市域金融工程是宏观金融工程体系中的一个重要组成部分。我们对市域金融工程的方案研究设计与实施始于 2014 年的"大别山金融工程"，这就是"黄冈模式"。黄冈模式主要有如下"三板斧"：①县域金融工程；②产业金融工程；③金融中心建设工程。在这"三板斧"中，A点主要体现在第二条，即解决"钱往哪里去"的问题。B点主要体现在第三条，即解决"钱从哪里来"的问题。C点主要体现在第一条，体现在县域的担保体系中。

后来我们又去吉林省的松原市进行探索。松原的方案基本上是黄冈模式的翻版。在吉林省，我们还对吉林市进行了较为深入的研究。吉林省的研究对于黄冈模式既有承接也有突破。从承接上来看，我们研究昌邑区的区域金融工程，研究了吉林市金融中心建设工程。从突破上看，我们不仅研究了产业金融工程，而且着重研究吉林市的政府平台公司金融工程。

再后来，我们又对江西省的九江市进行了研究。九江市重点在国资企业金融工程和县域金融工程做了更为深入的探讨。

今年我们将研究的重点放在了武汉市的市域金融工程升级行动计划上。武汉市域金融工程行动计划的研究有如下三个重要内容：

1. 以黄陂区和江汉区作为示范的县域金融工程研究；

2. 以文化发展集团作为突破的国资企业金融创新研究；

3. 以长江新城作为重点的园区金融工程研究。

园区金融工程主要是产业金融工程的研究。

如此一来，武汉市作为典型研究的市域金融工程升级版便有了自己的显著特色：

1. 国资企业金融工程；

2. 园区产业金融工程；

3. 县域金融工程。

与黄冈模式比较，升级版体现了国资企业金融工程的重要意义。同时，将产业金融工程在市域具体化为园区金融工程。这"三板斧"是如何体现金融工程哲学方法运用的呢？

A 点，钱往哪里去？往园区的主导产业那里去！

B 点，钱从哪里来？从国资企业来！从国资企业的资产倍增行动计划来！

C 点，钱的风险如何控制？通过县域金融工程的担保基金体系来控制！

金融工程哲学方法中的"三条鱼理论"又在市域金融工程升级版中大显身手了！

写到这里，珞珈山上飘起了雪花，窗外的鸟儿正在山坡上与雪花一起飞舞！

叶永刚

2020 年 10 月 29 日

于珞珈山

金融工程哲学方法在省域金融工程中的应用

如果在一个省域实施金融工程，其哲学方法能否应用，怎样应用呢？望着窗外飘着的雪花，我陷入了沉沉的思索……

我们一直想在县域金融工程和市域金融工程实施之后，对省域金融工程实现突破。但到目前为止，方案设计和实施依然停留在省域专项金融工程的实施水平上。湖北是我们最早进行省域金融工程尝试的地方，后来又在宁夏进行总体设计，最近又在广西开始探索。我们希望有一天在中国的土地上，能够有一个省域实施全面金融工程，而不只是专项金融工程。

省域实施全面金融工程其实也可以有多种路径和模式。

在今后的省域金融工程探索中，可以有以下"三板斧"：

1. 省域国资企业金融工程创新；

2. 县域金融工程（包括市域金融工程）；

3. 主导产业金融工程。

在这"三板斧"中，如何体现金融工程的哲学方法呢？

A点，钱往哪里去？钱往主导产业去。

B点，钱从哪里来？钱从国资企业金融工程创新而来。

C点，钱的风险如何控制？通过县域金融工程来实施风控，可以构建省、市、县三级联动的政策性融资担保体系，推动县域经济和市域经济发展。

这不就是省域金融工程中的"三条鱼理论"吗？

在这里，A、B、C三点是通过国资企业金融工程、县域金融工程和产业金融工程创新这三大举措来完成的。

第一大举措是国资企业金融工程创新。每一个省份都有自己的投融资平台公司和其他国资企业。一个国资企业做出金融工程的样板，其他的国资企业就都可以复制了。

第二大举措是县域金融工程。县域金融工程也可以拓展到市域金融工程。

拿一个市域做样板，很快就可以在全省实施了。

第三大举措是主导产业金融工程。对于省域来说，主要就是园区金融工程。做好了一个园区，其他的园区就可以复制了。

这三大举措简单地说，无非就是一个县、一个国企和一个园区。这个世界上的很多事情，看起来很复杂，但是如果有了哲学的思维方式，复杂问题就可以简单化了。

省域金融工程这种重大的经济发展战略也就成为简单的三大举措了，换一句话说，也就变成看得见、摸得着的"三条鱼"！

窗外的雪花一起扑到了我的眼前，它们似乎也要凑到我的面前来，表示认同我的看法和观点呢！

叶永刚

2020 年 12 月 29 日

于珞珈山

金融工程哲学方法在国家金融工程中的应用

2020 年 12 月 26 日下午，第十届中国金融工程与全球金融风险论坛顺利地落下了帷幕。在这次论坛上，我代表武汉大学研究团队做了专题发言。

这次发言稿的第四部分，小标题为"全球与中国经济金融风险总结分析及中国经济金融发展战略选择"。其战略选择有以下十条：

1. 实施积极的宏观经济政策，推动中国经济逆势上扬；
2. 推动地方投融资企业转型升级，化解地方政府债务风险；
3. 完善区域股权市场，培育中小企业成长；
4. 启动乡村振兴金融工程，进行商品价格风险管理；
5. 发展衍生品市场，进行商品价格风险管理；
6. 创立科技金融创新体系，促进科技金融发展；

7. 建设多层次的政策性融资担保体系，增大融资规模；

8. 构建多元化的产业基金体系，推动实体经济发展；

9. 完善宏观资产负债表体系，控制系统性金融风险；

10. 深入推动人民币国际化，促进国际货币体系改革。

在发言的过程中，我对这十大举措做了进一步的诠释，并强调了这十大措施要解决的三大问题：

1. 钱从哪里来？

2. 钱往哪里去？

3. 钱的风险如何控制？

紧接着，围绕这三大问题，分析了解决这三大问题的"三大突破口"：

（1）突破口之一：国资企业金融创新。国资企业实行资产规模扩张，就可以解决钱从哪里来的问题。第二条措施就是要完成这个任务。

（2）突破口之二：服务实体经济。第三条、第四条、第八条、第十条，都围绕这个目标开展工作。

（3）突破口之三：系统性风险控制。第五条、第七条、第九条就可以完成这个任务。

实现了这"三大突破"，就可以推动中国经济逆势上扬，这就是第一条举措要实现的目标了。

仔细看一下，这"三大突破口"不就是金融工程哲学方法论吗？不就是金融工程套利图中的 A、B、C "三点论"吗？说到底，这三大突破口就是我们反复强调的"三条鱼理论"，而这十大举措无非就是我们运用"三条鱼理论"做出来的"全鱼餐"而已！

由此可见，在国家层面，金融工程哲学方法的突破和经济金融战略的突破是完全可以做到一致的！

叶永刚

2020 年 12 月 30 日

于珞珈山

金融工程哲学方法在全球金融工程中的应用

在珞珈山教书数十年，一直没有离开过对全球经济和金融的思考。留校教书时就是讲授国际金融。后来到美国进修金融工程，也在思考国际金融危机问题。

这些年来，在对金融工程的探讨中，我们从乡村金融工程一直到国际金融工程，都在试图用哲学方法来进行分析。那么金融工程呢？是否也能这样来分析呢？

金融工程的研究对象，如果是金融资产的有效配置，那么全球的金融能否更有效地配置呢？如何更有效地配置呢？

从乡村到国家层面，我们运用了金融工程套利图分析。在全球层面呢？能否也运用金融工程套利图方法呢？

让我们再回顾一下金融工程套利图吧。

我们将 ABC 三点称为"三条鱼理论"。

A 点，钱往哪里去？

B 点，钱从哪里来？

C 点，钱的风险如何控制？

我们先从 C 点讲起。

这些年来，我们每年都举办一个中国与全球金融风险论坛，并且同时举行一个"中国与全球金融风险报告"发布会。

在这个风险报告中，我们运用宏观资产负债表方法，将全球划分为几大板块，有美洲、有欧洲、有亚洲和非洲等地区，并运用四部门方法进行全球金融风险分析。

这意味着我们运用全球宏观资产负债表体系就可以更有效地去测度和控制全球的宏观金融风险了。

这不就可以解决全球的 C 点问题了吗？

再来看 B 点，B 点是要解决钱从哪里来的问题。这里需要研究的是世界货币问题。这是一个国际货币体系改革的问题。

其理想的出路是单一货币，并且是超主权货币。

但是，现实离此目标太远了。目前仍然是美元霸权。因此，世界货币与国际货币体系需要改革。

在目前还达不到这个目标的情况下，我们只有一个选择，就是先把自己的事情做好，即人民币国际化的道路。人民币国际化的程度与中国经济在全球化的程度相比，其差距还远着呢！努力吧！

最后来看 A 点，钱往哪里去？

从理论上讲，钱应该往全球实体经济上去。

全球的经济实体也就是全球的主导产业发展问题。

全球的产业问题不仅是一个总量问题，而且还有区域结构和国家差别问题。但是，总体方向还是应该沿着经济全球化的方向走，而不应该是现在出现的逆全球化潮流。

金融工程哲学方法论在全球的应用可以用一句老话来形容：

前途是光明的，路途是曲折的。

叶永刚

2020 年 12 月 30 日

于珞珈山

第七章　金融工程哲学方法在微观金融的应用

金融工程哲学方法在国资企业金融工作中的应用（之一）

国资企业为什么可以作为中国经济疫后重建的突破口？

因为国资企业可以实现资产倍增，资产可以资金化。这样一来，资产倍增就可以实现融资规模倍增，也就可以实现 GDP 倍增了！

如何实现资产倍增？两条路径：一是资源变资产，二是混改。

金融工程哲学方法论，能否在这里找到自己发挥作用的地方呢？能！

我们在金融工程套利图的分析过程中，首先强调的就是"一点论"。

"一点论"，就是分析"阴阳"两个最基本元素在变化时，不仅要强调"阴阳平衡"的平衡关系，而且要突出"阳主阴随"的主随关系。换句话说，就是要正能量，或者说"净能量"，即我们的"目标论"。

中国文化为什么有一种博大精深的"融合力"？因为这里面存在着中华民族文化的"体"，即中华文化的主导力量。正因为有其"体"，才能够解决其"用"的问题，才能"体"与"用"融为一体而又不失去自己的本色。

当我们谈到国资企业与民营企业的混改时，就需要明确国资与民营之间的"体用"关系问题。这就是中国国资企业在整个经济中的主体作用问题。忽视了这个问题就有可能迷失中国改革发展的目标和方向。

但是，金融工程套利图在分析"一点论"时，也在强调"两点论"。因此国资企业和民营企业并不是水火不相容的。

在中国《易经》哲学中，有一卦叫作"水火既济卦"。火卦在下，水卦在上。水火之间可以架一个鼎锅。这样的条件下，我们就可以解决水火相济的问题了，就可以煮熟一锅牛肉，使得满屋飘香了。

问题的关键，就是要在水火之间架上这个"鼎锅"。何为国资和民营之间的这个"鼎锅"？这便是"股份制"。如果我们在国资与民营之间运用"股份制"来进行混改，就可以相得益彰。

否则，就很有可能成为"水火未济"卦了！

因此，我们有充分的理由相信，中国几千年的哲学智慧完全有可能破解"冰火两重天"的难题，为全世界的经济发展探索出一条崭新的道路来！

叶永刚

2021 年 1 月 2 日

于珞珈山

金融工程哲学方法在国资企业金融工程中的应用（之二）

国资企业金融工程仅仅是一个企业部门吗？仅仅是一个宏观问题吗？否！

如果我们将所有国资企业都加起来，不就是一个国资企业部门了吗？这不就是一个大国企了吗？国外的经济学者在运用宏观资产负债表分析方法时，只有四部门分析法：公共部门、企业部门、金融部门和家户部门。从中国的情况看，完全可以将企业部门一分为二，一是国资企业部门，二是民营企业部门。

中国经济疫后重建的突破口到底在哪？在国资企业部门！为什么？

这个道理其实一点都不复杂！因为只有国资企业，才能装进全社会的生产资料和其他公共资源作为"资产"。一旦资产倍增，融资规模就倍增了，

GDP 就倍增了，中国经济就可以创造世界奇迹了！

还有十分重要的一点，一旦国资企业资产倍增了，并且可以与民营企业混改了，中国的经济就可以插上又一对腾飞的翅膀了！

金融工程的套利图在这里有作用吗？有的！金融工程套利图不仅强调"一点论"，而且主张"两点论"：

1. 宏观与微观结合；

2. 存量与流量结合；

3. 国资与民营结合；

4. 资产与负债结合；

5. 中央与地方结合；

6. 风控与创新结合。

有了这"六个结合"，金融工程套利图中的"两点论"就可以充分发挥作用了。

这不就是金融工程的"中国模式"吗？

也许，这种以"模式"为代表的"北京共识"，才是全世界发展中国家的崭新发展道路。

叶永刚

2021 年 1 月 2 日

于珞珈山

金融工程哲学方法在国资企业金融工程中的应用（之三）

珞珈山安静极了。1 月 1 日、1 月 2 日、1 月 3 日，连续三天放假。老师和学生都度假去了，学校没人上班了。校园和路上都是空荡荡的，只有稀疏的鸟鸣声偶尔从附近的林中传来。

我呷了一口茶，又开始琢磨我的金融工程哲学笔记了。

这些年来，我努力将金融工程的哲学方法，浓缩在金融工程套利图中。那么金融工程套利图可以用来分析国资企业的金融工程吗？

我之所以对这个问题如此感兴趣，是因为我认为国资企业对经济的发展，特别是对中国经济的发展太重要了！全球在 20 世纪曾经有过国资化的潮流，但是后来倒退了，又私有化了。

为什么会这样呢？因为人们得出结论认为国资化有问题了，不行了，一定会失败的！

我们过去长期受市场经济学的影响。因此，有不少的经济学者，甚至有不少的中国经济学者认为，中国的改革实质就是要私有化。在这种思潮影响下，国有经济的很大一部分就这样被私有化了。它直接造成了大多数的生产资料和财富被少数人掠夺，其结果是贫富差别急速地扩大了。

但是，中国后来的改革并没有沿着这条私有化的道路滑下去。中国的国资企业在这个过程中不是消失了，而是壮大了。

金融工程套利图能否用来分析国资企业改革进程呢？

当然能！

国资企业特别是央企，早就吹响了冲锋号，早就冲在了改革开放的前沿阵地了！

国资企业曾经是一个负套利空间的金融工程套利图形。

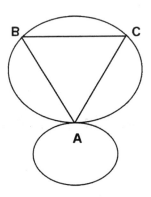

图 7-1　负套利空间图

改革后的国资企业呢？很快从负套利空间变成正套利空间了。

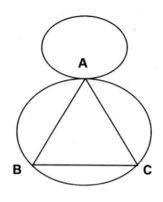

图 7-2　正套利空间图

为什么那些锐意改革的国资企业会发生这种变化呢？

关键在于国资企业的体制改革！国资企业之所以会出现长期的亏损，是因为国资企业的政企不分问题。政企一旦分开了，国资企业就可以激活了。国资企业，就可以从负套利空间向正套利空间转化了。

抓住了这个问题的实质，也就抓住了国资企业的要害。国资企业与市场经济并不是天生不兼容的，而是因为有了政企不分才不兼容。一旦分开了、分清了，也就可以兼容，也就可以前程似锦了！

叶永刚

2021 年 1 月 2 日

于珞珈山

中国南洋商业银行协同创新（一）

2019 年 8 月 25 日，在上海浦东的中国南洋商业银行总部，一场董事会之前的沟通会议正在进行。

会议进行到十点钟的时候，我向程泽宇总裁提出了一个问题：中国南洋商业银行对地方政府投融资平台公司有没有资产业务？

程总裁告诉我：过去对地方政府投融资平台公司业务很少。但是，现在准备改变思路了。准备要求各地的分支机构与地方政府开展全面合作。

对地方政府可以开展以下业务：

1. 购买地方政府投融资平台公司发行的债券；

2. 向地方政府投融资平台公司发放贷款；

3. 要求地方政府给我们相应的存款。

听到程总裁的想法之后我非常高兴。

作为一家中资金融机构全资控股的外资银行，中国南洋商业银行有其特殊性。但是，作为一家中国大陆注册的外资银行，如果不与中国地方政府的投融资平台公司打交道，其业务发展将会受到很大的局限。

我告诉大家，各地政府目前都在运用多层次资本市场，来推动当地的经济发展。比如说，湖北省就在实施"金融工程升级行动计划"，江西省就在实施"映山红行动计划"，浙江省就在实施"凤凰行动计划"。这些"行动计划"都有一个共同的内容，那就是扶持和培育上市公司。在扶持和培育上市公司的过程中，地方政府的投融资平台公司正在与民营企业实行混合经济，进行"混改"，并且在"混改"之后，将其推向资本市场。

中国南洋商业银行完全可以抓住这个机会，将资金推向这些企业。

我多次参加中国南洋商业银行的董事会，深知该银行一直想在协同创新上有重大突破，特别是想在与中国地方政府的协同创新上有重大突破，但一直没有找到很好的突破口。

这次，我从程泽宇总裁的发言中，终于看到突破口了！我为该行的战略调整感到格外高兴！

叶永刚

2019 年 8 月 25 日

于上海浦东

中国南洋商业银行协同创新（二）

2019 年 8 月 25 日，我作为独董在上海浦东参加中国南洋商业银行的董事会。会前，我们召开了沟通座谈会。

在座谈会上，我们讨论了南洋商业银行的协同创新问题。这个问题在董事会上已经被讨论过多次了。这次座谈会上，我们又就此进行了深入的讨论。

中国南洋商业银行总裁程泽宇先生，提出了一种符合该行实际的协同创新模式，即信贷不良资产收购。

按照这种模式，中国南洋商业银行可以选择某一公司作为客户对象，前期进行信贷发放，一旦形成不良资产，可将这些不良资产交由信达资产管理公司处理。

这样一来，该银行这笔信贷资产无论经营状况如何，都可以立于不败之地。信贷优良，该银行能够顺利收回本息。信贷资产即使形成不良，该银行也可以将不良资产转交资产管理公司打理。

在座谈会上，还谈到了不良资产跨地区经营问题。南洋商业银行所形成的不良资产，不仅可以由不良资产形成所在地的信达分支机构处理，而且还可以由全国各地的分支机构跨地区经营处置。

为什么中国南洋商业银行的不良资产要由信达资产管理公司来处理？因为信达资产管理公司是香港南洋商业银行的全资股东，而香港南洋商业银行又是中国南洋商业银行的全资股东。信达资产管理公司和中国南洋商业银行本来就是一个大家族。

信达资产管理公司的主营业务是不良资产业务，而中国南洋商业银行的主营业务是公司信贷业务。这种"信贷+不良资产收购"的模式正好发挥这两家金融机构的优势。

看来，在这次董事会上，我们还需要对此做更充分的讨论和强调。

叶永刚

2019 年 8 月 25 日

于上海浦东

A 点的意义

在金融工程中，A 点意味着什么？

我的回答：意味着一个平衡点。

平衡什么？平衡成本与收益。从经济学的角度讲，这叫作成本收益分析法。

我们老家的一位企业家，他在我们老家流转了 2000 亩土地。他在这片土地上种了各种果树。后来果树结果了，但是，果树结果的收益还覆盖不了他在这块土地上所付出的各种成本。最后，这个企业破产了。村民连应该收到的土地流转费都化为泡影了。

这个企业的问题出在哪里？

出在 A 点上！A 点是收益等于成本的平衡点。它的成本超过了收益，不仅没有利润，而且出现了亏损！

由此可见，A 点不仅是平衡点，而且是转折点，甚至就是生死点！突破了 A 点就是生路，突破不了 A 点，就是一条死路。

如何突破 A 点？

在成本上，要学会成本控制，要做减法。在收益上，要学会增加收益，要做加法。而最为重要的一点，则是要让收益超过成本！这不就冲过"封锁线"了吗？

A 点也意味着成本与收益相互转化的"条件"。"A 点论"也意味着"条件论"。

讲到条件论，我不由得又想起了大庆油田铁人王进喜说过的一句话："有条件要上，没有条件创造条件也要上。"

这话对于金融工程来说，依然闪闪发亮！这意味着"A 点论"不仅可以是"条件论"，而且是一种"创造论"！

只要我们能够"创造"出突破 A 点的"盈利"，就可以颠覆整个金融世界了！企业就不用去找金融了，而金融就会随时随地来找企业了！

叶永刚

2022 年 6 月 18 日

于珞珈山

B 点的妙用

记得有一次，有一位企业家找到我们。

他谈到了自己目前遇到的一个困难。他前些年利用房产抵押的方式向一家银行贷款。这笔房地产抵押贷款一共拿了四个好朋友家里的房产捆在一起作为抵押物。

现在贷款到期，他需要办理续贷业务。但是麻烦事情来了。他的四个朋友中有一家的太太死活不让再抵押了。没有这个房产做抵押，续贷就不能顺利进行。而且，他的确没有办法再去找其他人的房产来补充抵押物了。

看着他那着急的样子，我们的研究团队为他召开了一次专题座谈会。最后，大家给他出了一个主意，不是让他走房地产抵押贷款的路子，而是走企业股改的路子。

一开始，他对此有些将信将疑，但他还是答应试一试。我们给他找到了专业的企业股改中介机构。三个月内就给他的企业进行了股份制改造。随后将企业的股份在区域性股权市场上办理托管登记。随后，他先前办理贷款的那家银行很快给他办理了股权质押借贷。由于运用了股权质押的方式，这就使他缺少抵押物的问题顺利得到解决了。

我们知道，金融工程哲学方法在微观的运用与在宏观的运用一样，集中体现在金融工程套利图的应用中。而对于金融工程套利图，我们总结了一句极其通俗的解释，那就是要"一手抓三条鱼"。

三条鱼者，A、B、C 三点也！A 点是指盈利，B 点是指创新，C 点是指风控！

这里所讲的故事，就是在解释 B 点的作用。它就是在讲我们如何通过股权质押贷款这种金融创新工具来解决企业融资难、融资贵的问题。

正是因为有了这个"B 点"，我们做到了"点石成金"，很快解决了企业遇到的难题！

叶永刚

2022 年 6 月 18 日

于珞珈山

C 点之祸

近些年疫情肆虐，国际机票紧张，很快就有人动起了歪心思。

前不久，一家亲戚告诉我们，投资机票很赚钱，要我们一起参与。我们对此婉言谢绝，并且劝告他要谨慎从事，最好不要去干这种事情。

很快，我们就从那位亲戚那里听到倒卖机票者卷钱逃跑被抓的消息。

为什么我们当初就觉得这件事情不靠谱呢？

主要基于以下两点考虑：

其一，倒卖机票这件事情本身就是违法交易，即使赚钱再多，我们也不能去做。

其二，这件事赚钱太多是很不正常的。我们因为多年从事金融研究，很清楚正常盈利的界限在哪里。

除了给大家讲解的以上两点道理之外，我在这里还想就金融工程专业谈一点想法。

金融工程套利图讲"三点论"，即 A 点，盈利；B 点，创新；C 点，风控。我在这里，重点讲第三点，即风控。

在这个事件中，那个倒卖机票的始作俑者也许开始真在倒卖机票。然而倒着倒着，他后来可能根本就懒得去找机票了。而是就像击鼓传花一样，让后面进来的钱去支付前面进来者的回报。这叫作"借新还旧"。等到后来更多的人进来，他卷钱跑路了，这个"泡沫"就破灭了。用我们金融工程的专业术语来讲，这称为"庞氏骗局"。该骗局越进行到后面，它所造成的亏损就越大。

为了控制和防范这种受骗的行为，除了要多学习法律方面的知识之外，还要学会金融工程中的风险管理知识。要想真正控制风险，一个简单的道理就是要比较经济活动的成本和收益。从投资中得到的回报必须与该投资的真实收益进行比较。只要投资回报超过了投资的真实收益，这种现状就很难维持下去了。这就要求投资者要"小心为妙"了。

从金融工程哲学的观点来看，这就是"三点论"了。

叶永刚

2022 年 6 月 18 日

于珞珈山

黄河滩头的"三点论"

有一年，我们在河南省帮助黄河边的一个示范县域做金融工程。在黄河滩头，我们碰上了一位企业家。这是一个年轻人。他在大学攻读了工商管理硕士学位，回到老家，想在乡村干一番事业。

他成立了一家农业企业。在老家栽培了各种瓜果。后来，他想流转黄河滩头的农民土地，扩大瓜果种植面积。他找到银行，希望银行能够融资来实现他的梦想。但是，银行认为他的企业不符合银行贷款条件，不愿办理贷款业务。

后来，我们为他设计了一种混改方案。

按照这个方案，他需要干三件事：其一，将自己的企业与该县平台公司重组，装进平台公司。其二，平台公司将该公司租赁给他经营，并且三年之内，他可以回购该企业。其三，平台公司担保，银行可以为他的企业融资。

我们问这个企业家："你是否同意这样做？"

这个企业家告诉我们："何乐而不为？我现在满肚子的理想，银行就是不肯给我贷款。但混改了，银行马上就同意给我贷款了。我有了资金，立刻就可以流转黄河滩头的这些土地了！只要三个月左右的时间，我种上的哈密瓜就可以成熟了。一旦哈密瓜成熟，我就在这里举办一个'哈密瓜文化节'，让四面八方的人都来这里参加采摘园活动。三个月左右的时间，我的钱就赚回来了。我可以将赚的钱分作两个部分，一部分回购我的企业，一部分再去做其他的业务！你说说这事怎么能不做呢？我恨不得马上就做呢！"

这个例子可以充分体现金融工程中的"三点论"，即"A 点+B 点+C 点"的分析。从这件事来看，有三个"关键词"：一是重组，二是贷款，三是回购。

正因为重组了，所以平台公司愿意为该企业担保，这就解决了"三点论"的风控问题了。正因为"融资"了，所以解决了"B 点论"的创新问题。而回购说明该企业盈利了，企业的收益超过成本了，这不就解决"A 点论"的问题了吗？

在这个事件中，我们不仅做到了"点石成金"，而且做到了"一石三鸟"！

叶永刚

2022 年 6 月 18 日

于珞珈山

第八章 金融工程哲学方法在经济发展战略中的应用

系统论与切点论

我们常说，金融工程是一种系统论，而系统从结构上讲是由子系统构成的。

学习系统论时，有一个贝塔朗菲定理，叫作整体大于部分之和，用数学公式来表达叫作 $1 + 1 > 2$。

用金融工程套利图来解释，就是 $A > B + C$，即要有正套利空间。

但是，当我们在实施金融工程的过程中，不仅要解决系统论的问题，而且要解决切点论的问题。既要学会十个指头弹钢琴，这是系统论的问题，也要学会"伤其十指，不如断其一指"，这是一指禅的功夫。十指法和断指法是要综合运用的。

系统论是协同创新的问题，而切点论是抓主要矛盾的问题。

如何运用金融工程的思想来分析切点论呢？

套利空间是一个 y。$y = f(x)$ 是其一般原理。在金融工程套利图中，x 有 $x_1 + x_2 + x_3$。x_1 为 A，x_2 为 B，x_3 为 C，因此 $y = f(x)$。可以写为 $y = f(x_1, x_2, x_3)$。

金融工程所要解决的是路径选择和优化问题。

如何选择和优化路径？

从经济学来讲，我们使用的是成本收益分析法。从数学来讲，我们运用的是偏微分或者叫偏导数。每一个 x 不仅有 x_1，x_2，x_3，而且这里面的每一个 x 都是一个系列。这些要素每一个都有自己的偏导数，这些要素的每一种排列组合都有自己的偏导数。路径的优化其实就是要找出其偏导数最大的路径或其路径组合。偏导数分析在经济学中也叫作边际分析，或者叫作边际收益分析。

这就说清楚了以下三个问题：

（1）为什么要去找切点？因为找到切点就可以最大限度地去提高收益。

（2）如何去找到切点？找到了边际收益最高者就找到了切点。

（3）切点与系统到底是什么关系？系统是由子系统构成的，子系统就是路径，而切点就是最优路径。找到最优路径就是找到了切点。

小切点可以形成大变局。小切点就是切点论，大变局就是系统论。在金融工程中，这就是我们所说的"小工具，大战略"！

叶永刚

2020 年 2 月 18 日

于珞珈山

金融工程"模式论"

到目前为止，我们的宏观金融工程已经走向全国十多个省份了。我们在各地实施金融工程时，力求创造出各地的"金融工程模式"来。

金融工程模式就是要在当地探索出可供借鉴的经验和做法。从金融工程的角度来看，就是要通过金融创新找出用金融驱动当地经济的路径图。从哲学层面讲，这种路径既要有特殊性，又要有一般性。

宏观金融工程示范首先是从县域开始的。2012 年春天，我们在湖北省的通山县打响了县域金融工程第一枪。不到两年的工夫，我们不仅取得了显著的成效，而且创造出了"通山模式"。

什么是金融工程的"通山模式"呢？

我想，大概有三大金融创新：

1. 企业股改挂牌；

2. 企业股权质押融资；

3. 政府融资担保基金。

通山的金融工程创新，林林总总有数十项。但是，这三项却起到了关键性的作用。这三项一旦形成"组合拳"，其力量便十分强大。

通山模式很快走向了全国。全国有数以百计的县市自发到通山去学习和交流。他们首先学到的就是这"三大金融创新"。有了这"三大金融创新"，任何一个县域或市域经济就可以运用金融驱动起来了。因此，这三项金融创新既是通山特有的，具有特殊性，又具有一般性，可供全国借鉴。

2014 年，我们又在湖北省的黄冈市开始实施市域金融工程，即我们所说的"大别山金融工程"。大别山地区跨湖北、河南和安徽三个省份，是中国最大的贫困地区，我们的目的是要以黄冈作为突破口，去实现大别山地区脱贫致富，并探索在市域层面用金融驱动经济发展的路径和道路。我们很快取得了成效，并且形成了以市域作为样本的"黄冈模式"。

"黄冈模式"的金融创新：

1. 地区金融中心建设；

2. 主导产业金融工程；

3. 市县互动金融工程；

4. 政府资源综合配置金融工程。

在黄冈，这四大工程开展得有声有色。这四大工程配合黄冈市的其他金融创新措施，使黄冈的示范作用十分明显。

在四川省，我们和四川邮政储蓄银行一起，创造出了立体扶贫的金融工程模式：

1. 企业股改挂牌；

2. 银行与政府共建扶贫基金；

3. 邮储物流配送系统服务；

4. 银行惠农贷业务。

在内蒙古自治区，我们与内蒙古股权交易中心一起，探索出了"内蒙古模式"：

1. 企业股改挂牌；

2. 融资担保体系建设；

3. 可转债发行。

这三条就将内蒙古的金融工程轰轰烈烈地干了起来。

在江西省，我们和江西股权交易中心不断探索"江西模式"。

1. 企业股改挂牌；

2. 政府产业引导基金；

3. 可转债发行。

同样，这三大金融创新撬动了江西金融工程的蓬勃发展。

除此之外，还有全国各地的其他金融工程模式。

从这些模式来看，它们既有共性也有特性，即前面所说的一般性与特殊性。所有的这些模式中都使用了"企业股改挂牌"这一创新工具。而全国各地的金融工程都具有自己特有的金融创新。如产业引导基金、融资担保基金等。

正因为金融创新可以做到"八仙过海，各显神通"，所以各地的金融工程模式完全可以做到"推陈出新，特色鲜明"。

我们完全有理由期待各地金融工程所创造出来的"模式"争奇斗艳、百花齐放。

叶永刚

2019 年 1 月 30 日

于珞珈山

金融工程"王牌论"

在金融工程三句半中，我们强调了三条基本原则：

1. 用明天的钱办今天的事；

2. 用昨天的钱办今天的事；

3. 用外地的钱办本地的事。

随着金融工程在实践中的逐步推进，我们对于金融工程在理论上的认识也逐步加深。我们认识到，要想让金融工程在实践中更好地发挥作用，还得再加上两条：

4. 用政府的钱与市场的钱一起办事；

5. 用国外的钱与国内的钱一起办事。

用政府的钱与市场的钱一起办事。这句话对金融工程的实施具有至关重要的作用。政府和市场之间的联系，这是两只手之间的关系，两只手必须紧密结合，才能更好地推动经济和社会发展，但是我们过去走了很多很多弯路。我们对于哲学和经济学的学习常常会犯教条主义的错误。学习政治经济学时学出来了空想社会主义；学习西方经济学，以为市场起决定性的作用，就意味着政府可以袖手旁观。

即使我们已经认识到了这两者结合的重要性，但是在理论和实践上还需要进一步思考：两者应该如何结合？这就要求各级领导同志根据各地的实际情况加以灵活运用了。

从目前县域经济的情况看，我们需要强化政府这只手的作用，而不是弱化它的作用。目前的大多数县域经济都面临着资源流失、人力流失、商品市场流失的困难境况。仅仅靠市场这只手是无法挽救这种困局的。因此，领导同志必须非常清醒，我们还需要保护主义。谁来保护？政府来保护。只有政府保护这些资源，人才和商品市场才能做到不流失。

政府如何保护？从经济学和金融学的角度来看，政府要运用自己手中掌握的资源来发挥其杠杆作用。比如说，政府拿出一定的资金和金融机构一起对风险"兜底"，流失的资金不就可以回流了吗？关于这个问题，我还会拿出专门的章节来进行分析。

用国外的钱与国内的钱一起办事。这就是国际经济学要研究的问题了。我们现在的经济总量在世界排名第二，但是人民币国际化的程度还远远没有达到这个水平。各地资金的流失现象严重，很大的一部分是流失到国外去了。

面对这种情况，我们首先要做的就是要通过金融创新来提高各地的存贷比，让流失的资金回流。接下来是要让人民币进一步国际化，从而运用全球的资源来实现战略目标。

对于各级政府领导来说，要学会运用两个市场，即国内市场和国际市场。我们的口号是：让我们的资金流回来，将我们的商品卖出去！

前面的三句话加上后面的两句话，就构成了实施金融工程的五项基本原则。

为了让大家能更好地理解和接受这五条原则，我们将它们称为"五张王牌"。因为这里的每一条原则在实践中都可以单独加以运用，并且可以发挥重要的作用。但是，如果能将这五条原则加以综合运用，进行协同创新，作用就更为强大和威猛了。

大家都喜欢玩扑克牌。扑克牌有一种玩法叫作"打双升"，就是把两副牌放在一起打"争上游"。在这种游戏中，王牌是最厉害的牌。如果将这些王牌合在一起打，那就更厉害了，那叫作"王炸"。那就是用王牌捆在一起形成的"集束炸弹"，要多厉害就有多厉害！

这五条原则都是一张王牌，合在一起运用就是"王炸"了。任何一级政府，无论面临着多大的困难，只要学会运用金融工程中的这个"王炸"，就可以攻无不克、战无不胜了！

叶永刚

2018 年 5 月 18 日

于珞珈山

小工具与大战略

中国金融工程是政府领导的用金融驱动经济发展的经济系统工程。

它的实质是经济工程，是一把手工程，是系统工程。从这个意义上讲，它是一种战略工程，它是要从战略层面解决经济发展问题。

这种战略层面是战术层面紧密地联系在一起的，我们不仅要见森林，而且也要见树木。森林就是战略，而树木就是战术。二者统一，相得益彰；二者分离，往往一败涂地。

中国金融工程应该如何将这二者统一起来呢？

其一，战略要大，战术要小，战略涉及发展目标。目标应该远大，此所谓"志存高远也"！战术涉及工具，涉及金融创新，工具要简便易行，要富有很强的针对性和操作性，此所谓"小就是好也"！

其二，小切口，大变局。如何做到小切口、大变局呢？关键在于这些小工具的选择和优化上。工具虽小，力量却要大。要让这些"小工具"具有巨大的杠杆作用。

其三，小工具，大协同。小工具要协同发挥作用。这叫作 1+1>2。几个小工具捆绑在一起联合操作，这种爆破力往往大得惊人。

有了这三条，金融工程就将宏观与微观结合起来了，就将战略与战术统一起来了，就将理论与实践打通了！

这种小工具与大战略的着力点就是金融工程方案，就是 y = 1+x，就是"1"个方案中的"x"个措施！金融创新就是要找出这种行之有效的措施，方案就是一种战略部署和安排。金融工程师就是所谓的经济策划大师。大师手中提着工具箱，其实就是些常人往往看不起眼的"小工具"，一些"小玩意儿"。

再从金融工程实践的案例来看，我们是如何将这二者紧密结合起来的。

2012 年，我们在通山实施中国的第一个县域金融工程，只用了"三招"

就将这个县域经济推动起来了：

1. 企业股改挂牌；

2. 银行股权质押贷款；

3. 政府融资担保。

这三招就是所谓"通山模式"的核心内容，"三板斧"就砍出一个县域经济的崭新局面。而且这"三板斧"对于中国所有的县域经济都有着切实可行的借鉴作用！

近年来，"通山模式"之所以风行全国各地，靠的就是这种协同创新的"小玩意儿"。

最后，请思考一个问题：如果只运用一个"小玩意儿"，能不能也撬动县域经济的发展呢？

我的第一个回答：能！

我的第二个回答：企业股改挂牌。

我们将企业股改挂牌称为县域金融工程的"一指禅"，有一个指头的功夫就可以推动经济发展了。

可见，一个"小工具"就可以实现"大战略"，甚至可以创造经济奇迹！

叶永刚

2019 年 1 月 22 日

于上海浦东

攻与防

中国金融工程是政府指导下的经济系统工程，也是政府的战略性工程。这种战略性工程必须要处理好攻与防的关系。

攻与防是对立统一的，两者不可偏废，政府的经济工作就像一场足球赛，既要有守门员的防守，又要有各路人员的冲锋。以攻为防，攻防结合。

我常常和各级地方政府的领导开玩笑说，抓经济工作要一手抓住两条鱼。一条鱼叫作风控，另一条叫作创新。而且第二条要比第一条大。

风控是防守型的，创新是进攻型的。攻与防是相结合的。

可是，各级地方政府领导往往将两者割裂开来。过去大家只注意攻而不注意防，结果造成了大量的"负套利空间"。而现在，很多的政府领导又从一个极端走向了另一个极端，只注意防守而不注意进攻。只是稳在那里"风控"，不敢大胆去创新。

对于各级政府来说，解决眼前债务就是"防"，但是解决长期债务，仅仅靠"防"是不够的，而且要靠"创新"，要靠攻。

有不少的领导干部存在短期行为，不想花气力解决长期债务的问题，总是想着把长期债务留给后面的人去解决，这是一种极不负责的态度，也是一种无所作为的懒思想，是一种消极的思想。

克服这种思想一是要让他们树立信心，二是要让他们掌握科学的思想方法，并且将这种方法运用于具体的经济工作和金融工作之中。

要知道，现状是攻不足、防有余，因此要主攻而兼防！

叶永刚

2019 年 1 月 22 日

于大连

政府之手与市场之手

记得攻读博士学位期间，谭崇台先生给我们讲授发展经济学时曾经说过一句话：政府与市场的关系问题是一个世界级难题。

我们在实施县域金融工程和市域金融工程时，常常碰到这个世界难题，即两只手如何结合的问题。

从我们这些年的实践来看，既有正结合，也有负结合。正结合可以促进经济发展，负结合会给经济发展造成阻碍。

在县域金融工程中，我们的正结合有以下六条路径：

（1）在产业金融工程中的结合。对于我们所要支持的主导产业来说，如果产业的收益率只有8%，但是市场的资金成本为10%，产业融资困难，根本无法发展。这就是市场经济，市场经济是十分现实和残酷的，还得起才会借得到。但是，如果这时伸出一只政府之手呢，政府给产业补助2%的费用，这不就可以还清银行的利息成本了吗？政府的无穷小不就撬动了市场的无穷大吗？

（2）在担保基金上的结合。政府拿出融资担保基金，在担保体系上一比十放大。放大的融资额来支持企业发展。担保体系是政府之手，而银行和企业是市场之手。这两只手又一次正结合了。

（3）在产业基金上的结合。政府拿出产业引导基金，与各种基金整合，形成了产业基金支持产业发展。

（4）在风险基金上的结合。政府拿出风险基金与银行按一定比例放大，给企业放贷。有了风险共同负担。

（5）在期货产业上的结合。现在中国的期货市场上推出了期权交易。期权费可以由政府负担，而且企业可以达到保值目的，期货产业金融工程就可以充分发挥作用。

（6）在保险产业上的结合。政府可以支付保费，让企业和农户受益。企业和农户的风险控制住了，融资通道便拓宽了。

这就充分说明政府和市场完全可以结合，二者并非水火不相容，这就是《易经》中的"既济卦"。

但是在现实中，除了这种正结合之外，还存在着负结合现状。这些年来地方政府融资平台所造成的隐形债务风险就是负结合的典型。

这种平台既是一种事业单位，又是市场化经营，直接在市场借贷资金和买卖商品。平台上的高进低出，造成了国有资产的大量流失。

同样是两只手的结合，为什么前者结合出了正结合，而后者结合出现的却是负结合呢？

这就又要用到金融工程套利图了。

正结合就是正能量，负结合就是负能量，两者是互相转化的，关键在于平衡点 A。

A 点是底线。我们必须守住底线并形成正套利空间。

融资平台形成的不是正套利空间，而是负套利空间，是亏损而不是盈利，因为它们并没有守住底线。

问题并不在于两只手该不该结合，而在于如何结合，谁来结合。

如果结合者守不住底线，这就麻烦了，就会形成腐败的温床，就会形成亏损的黑洞！

要想将负结合变成正结合，我们必须要坚持底线思想。

一是制度底线。企业制、问责制，这些都是良方。

二是用人底线。当家人思想素质不能出问题。

三是管理底线。一定要突破 A 点，形成正套利空间。

有了以上这三条底线，大概就不会出现负结合了吧？即使出现了负结合，大概也可以转化为正结合了吧？

叶永刚

2019 年 1 月 27 日

于珞珈山

伤其十指不如断其一指

小时候看电影《南征北战》，里面有解放军指挥员的一句台词，叫作"伤其十指不如断其一指"，这句台词给我留下了深刻的印象。这些年来，在实施县域金融工程的过程中，我常常想起这句台词来。

这句台词给我们最重要的启示就是要抓主要矛盾，攻其一点，不及其余。县域金融工程如果运用这种哲学思想和战略战术去做，就可以做到无往而不胜！

在《中国县域金融工程笔记》中我曾经提到过"李翔三问",即钱从哪里来,钱往哪里去,钱的风险如何控制。断其一指法,或者简称断指法可以从第二问中切入。

钱往哪里去?我们首先拽住主导产业。作为最极端的方式,我们可以首先拽住该地区最重要的第一个产业下手。我们可以运用产业金融工程的指导思想,挑出主导产业中的主导企业,再从主导企业中挑出主导产品。

金融工程套利图在产业金融工程中可以充分发挥作用。

套利图中最重要的是 A 点论。我们就是要让主导产业这个"资产"的收益率突破 A 点,形成正套利空间。

如何突破 A 点?

有五招:加法,减法,乘法,除法,乘方法。

这就意味着我们从哲学,从金融工程方法理论高度,解决了县域经济中的产业化问题,这个问题突破了,其他的问题就可以迎刃而解了。

别忘了哟,"断指法、李翔三问、A 点论、五招论"组合在一起出招,就可以破解县域经济难题了!

叶永刚

2019 年 1 月 13 日

于珞珈山

道德与法

2008 年 10 月 16 日,我给海南省检察院第二分院的领导同志们讲课。主要内容是现代金融与实体经济的关系。由于这是给检察院的同志们讲课,所以在课堂上我想到了法的问题,想到了道、德、法的关系问题。

老子曾经说过,"道生一,一生二,二生三,三生万物"。这里涉及了道与万物的关系。道在这里成了一种原动力,推动着万物前进。但是万物的生长，光有道还不够，道很有可能造成万物的疯长和失衡。因此，在道与万物之间，还有一个东西叫作德，道是通过德来驾驭万物的，这叫作以德驭物。《易经》中说过，厚德载物，讲的就是这个道理。

就人道而言，如果缺德呢？这个社会又该如何治理呢？因此，我认为在道与德之间，再加进一个法字，缺德就可以被绳之以法。

正因为如此，法或者说法律在金融工程中就显得不可或缺了。

首先，金融工程必须合法和合规，在金融活动和金融创新中违背了法规就会碰撞得头破血流，甚至粉身碎骨。

其次，金融工程可以将法律作为手段来推动金融创新。比如说，破产法对于资产重组来说，就是一个十分有力的武器。

最后，金融工程和法规还可以组合成一种猫和鼠的关系法。法规是猫，而金融工程是鼠，老鼠在猫的眼皮底下也有可能玩躲猫猫的游戏。

由于法在金融创新中的重要性，当金融工程活动在组建自己的工作团队时，法律专业人才就成为不可缺少的组成部分了。

接下来，我在课堂上顺着这条思路往下讲了！

叶永刚

2018 年 10 月 20 日

于珞珈山

顺其自然与任其自然

这些年，在全国各地推进县域金融的过程中，有些地方做得快，有些地方做得慢，有些地方甚至还出现过反弹。但是，我们并没有停下自己的脚步，还是努力地向前推进、推进！

县域金融工程毫无疑问是一件利国利民的好事，但是问题的关键在于我们如何才能更为顺利地推进。

老子有一种说法，叫作无为而治，所谓无为而治是要解决治的方法问题。其目的是要治，而不是不要治。无为是手段，治是目的。因此，这里是要解决手段和目的之间的关系问题。

有些人错误地认为顺其自然就是任其自然。任其自然充其量是一种手段，而不是目的。顺其自然则是目的与手段的统一，是目标加上控制的管理学，而不是无所作为的自由主义。顺其自然是刚柔相济，是进退自如，是该推的时候就看准对象狠狠地推进，是不该推的时候放一放、冷一冷，时机成熟后再推，再狠狠地推。这就是打太极拳的原理和方法论。

尽管顺其自然与任其自然只一字之差，可这里面的道理，却大相径庭呢！就像航海学问一样，顺着海风走，顺着潮流走，握着指南针走，与盲目地驾着船任其四处漂流，这可不是一码事啊。

无为作为一种手段要解决有所为、有所不为的问题。有所为，我认为是要抓主要矛盾和矛盾的主要方向。这也是毛泽东同志在《矛盾论》中的基本观点和方法。有所为还有一个哲学上的度的问题，抓到什么程度的问题。有所为还有一个时机的问题，什么时候该抓，什么时候不该抓。有所为本身也就意味着有所不为。有所不为，并不意味永远都不为。有些事不能性急，需要先放一放。有些事不能碰，可以不去碰，最好先不去碰，等到时机成熟再去碰。

从养生学的角度讲，我们要打通任督二脉、奇经八脉，但是打通的过程不是一种硬碰硬的过程，而是一种顺其自然的过程。

县域金融工程之船，就是要这样，"直挂云帆济沧海"，乘风破浪，不断地向前挺进！

叶永刚

2018 年 10 月 9 日

于珞珈山

金融工程之道与之德

这些天，我之所以不断地思考着金融工程之"道"的问题，是因为我想找到金融工程的哲学基础。过去学经济、金融和管理都习惯于向西方找"根源"，中国的学者们在经济学、金融学与管理学方面基本上忘掉了自己的"老祖宗"，我们基本上都成为中国文化的"不肖子孙"了。

我们能不能"内外兼修"，重新关注一下我们的老祖宗呢？能不能也在我们的老祖宗这里找一找根源呢？这就是我这些年来想做的事情。

我在分析金融工程之"道"时，常常会想起老子的《道德经》。"道生一，一生二，二生三，三生万物"，老子的这一句话，值得我们思考的东西太多太多！

道是什么？道与一的关系是什么？如何"道生一，一生二，二生三，三生万物"？道和物之间的关系是什么……

我在思考老子的"道生一"时，是运用金融工程套利图来进行分析的。

我之所以将太极图中的两点论变成"金工图"中的三点论，是想要告诉人们，如果想要做到"道生一、一生二、二生三，三生万物"，就要突破 A 点，形成套利空间，用一句最世俗的话来讲，就是要"赚"。我们说，金融工程是一种"无中生有"的工程，那么如何做到无中生有呢？念好"三字经"，即借、还、赚，而且在"三字经"中，"赚"才是那个最关键的字。从金工图来看，就是要突破 A 点！

金工图要讲述的就是金融工程之道，"道生一，一生二，二生三，三生万物"。但是，道和物之间还有一个字，那就是《道德经》中的那个"德"字。《易经》告诉我们，厚德载物，厚德才能载物，只有道与德并行，才能真正做到道生万物。

因此，我们在讲金融工程之道时，千万别忘了，还要讲金融工程之德。以德，才能真正驾驭啊！

我们讲金融工程之道，用的是金工图；我们讲金融工程之德呢？能不能也运用该图呢？

能的！我们将图的正套利空间变成负套利空间就行了！

我记得老子在《道德经》中还说过一句话，叫作"为学日益，为道日损"。

为学不仅仅是指做学问，实际上我们也可以理解为做事业。它所研究的很大程度是指的成功学或事业学。为道呢？很大程度上我们可以理解为生命学或内圣学。在这个意义上，我们也可以将为学理解为外王学。

我们在分析金融工程之道的这种外王学时，运用同样的金工图。

突破 A 点后，形成的是套利空间，或者换一句话说，叫作正套利空间。

当我们分析金融工程之德这种内圣学时，金工图的套利空间就变成了负套利空间。

为什么正套利空间会变成负套利空间呢？

因为没有突破 A 点，不是 B>C，而是 C>B，我们的付出大于收益了！

这从金融工程之道来看，不是正道，而是歪道！但是，从金融工程之德来看，很有可能是正道，而不是歪道！

为什么呢？

老子不是告诉我们了吗？"为学日益，为道日损。损之又损，以至于无为！"啊。

这不就是我们平常所说的"做事要精明，做人要糊涂"吗？这不就是我们在经营管理上所说的"钱聚人散，人聚钱散"吗？

只有将金融工程之道与之德结合起来的这种太极图之道，才是金融工程真正的金光大道啊。因此，我们在运用金融工程套利图时，需要的是两张图而不是一张图，不只是正套利空间图，而且还要有负套利空间图。

叶永刚

2008 年 9 月 23 日

于珞珈山

伏羲庙游记

2018 年 9 月 18 日上午，我在甘肃省金融控股集团做了关于金融工程的报告。下午，乘火车到陇南，第二天上午在陇南做了报告，晚上到天水，第二天上午游伏羲庙。

天水市政府对此高度重视，帮我找了一个他们认为是最好的导游，耐心地讲解。

在伏羲庙内，导游给我详细地讲了伏羲的先天八卦。

导游不仅讲了先天八卦，而且讲了先天八卦与太极图的关系。讲到了先天八卦与河图洛书的关系，讲到先天八卦与后天八卦的关系，这就使得我们的参观不仅是一次普通的游览活动，而且变成了一场极具学术味道的研讨会。

很多人其实并没有真正了解伏羲八卦的真正意义，因此也就没有真正理解伏羲和伏羲庙的意义之所在。伏羲是中华民族文化的始祖，伏羲庙所在之地，应是中华民族文化的发祥地。

伏羲从太极图推演到了八卦，太极和八卦到底是怎么来的，其实很难说清楚，但是按照大多数人的理解和历史上较多的说法，这是伏羲做下的好事。有了伏羲的太极图和先天八卦，就有了周文王的后天八卦和六十四卦，这就有了《易经》，就有了《黄帝内经》，就有了诸子百家，就有了后来的儒、道、佛。

伏羲的太极图和先天八卦图与金融工程有关系吗？有关系，而且有很大的关系！

没有太极图，就没有先天八卦图，就没有后天八卦图，就没有道家的内经图，就没有作为金融工程哲学基础的金工图。

C 点和 B 点，就是太极图中的阴和阳。二者的平衡就是 A 点。老子说过，"道生一，一生二，二生三，三生万物"，金工图将太极图从二生到了三，三即是 A、B、C 三点论。这个三点论就奠定了金融工程中三生万物的基础。

研究金融工程的目的，就是要突破 A 点，进入套利空间。

突破 A 点，就是要控制风险和进行金融创新。

如何抓住控制风险和金融创新这两个关键呢？不就是运用先天八卦和后天八卦，以及由此推演而来的六十四卦来解决问题吗？

这样一来，不就一通百通了吗？

叶永刚

2018 年 9 月 23 日

于珞珈山

金融工程天门论

老子在《道德经》中说过一句话，叫作"天门开阖，能为雌乎？"

对于没有练习过健身气功的人或没有将健身气功练习到一定程度的人来说，这句话是让他们有些费解的。

"天门"是什么？有人说是天理，就是指规律和道理之类。为雌是干什么？为雌就是要抱雄守雌或者叫作抱阳守阴，以达到一种雌雄合一、阴阳平衡的状态和境界。从这句话可以看出，老子在追问"天门开阖"与为雌之间的关系。他是想告诉人们，一旦到达了天门开阖就可以为雌了，这只是从一般哲学意义上讲这句话的意味。但是对于练习健身气功的人来说，这里也深藏着修身学的意味。天门就是脑门，脑门那个地方"洞开"了，人的身心就会达到一种极其和谐美妙的状态。身心达到了这种状态，也就是"为雌"了。

问题在于如何才能做到天门开阖？或者换一句话说，如何才能做到其真正意义上的脑洞大开？

那就是要通过练习而达到打通任督二脉、奇经八脉、小周天和大周天的境界了。这些东西来源于中国的中医学，在《黄帝内经》中对经络学有专门的论述。

221

一旦人们做到了这一步，就会产生一种感觉，仿佛脑门上开了一个天窗，清风徐来，浑身通泰。健身气功的练习都将这种状态作为一种理想状态来追求。

这里不是要向大家讲解健身气功的常识，而是要让大家思考一个问题，金融工程是不是也存在一个像天门一样的要害之处呢？如果抓住了这个要害，不就抓住了金融工程的实质了吗？不就可以让每一个人恍然大悟，从而自觉自愿地去接受和运用这种理论和方法了吗？

我认为金融工程的天门就是要解决金融与经济的关系，就是要做到"金融活，经济活；金融稳，经济稳"，从而稳中求进。

我们如何才能打开这个天门呢？

只要想清楚从这个基本问题所衍生而来的五个问题，就可以做到天门开阖了。这五个问题就是"叶氏五问"。

1. 钱是什么？

这个问题之所以这样提，是因为对于大多数人来说，大家所理解的金融就是钱。金融与经济的关系就是钱与经济的关系，或者换一句话来说，就是钱与 GDP 之间的关系。

我对这个问题的回答是什么呢？

钱就是"鬼推磨"，就是一种"魔鬼"，就是一种"魔杖"，它点到哪里，就可以让那里点石成金，变化万千，甚至光芒万丈。

为什么说它是一种"鬼推磨"？因为它可以让经济这座石磨转动，而且可以让它转动得飞快！

为什么钱可以让经济这个石磨转动得飞快呢？

其实，我们已经在前面的有关章节中对这个问题做了解答，因为它是一般等价物，代表的是价值量或社会资源。它可以从时间和空间两个维度配置这些资源，使这些资源在我们所在的地方形成爆炸点、爆破点。这就可以理解金融非常态，这就可以理解经济的爆炸性增长，甚至这就可以创造经济奇迹了。

我们对于这个问题的研究，实际上是在研究钱的本质。抓住了本质，也就抓住了要害。

2. 钱从哪里来？

我们对这个问题的追问，是要追问钱的来源。

我们的回答：钱从政府来！钱从政府融资来！钱从政府发挥杠杆作用而来！

为什么说钱从政府来？

因为在金融工程实施过程中，政府才是主要矛盾的主要方面，政府才是金融工程的发动机。

我们所有人的生产资料几乎全都集中在政府手中，中国的政府是这个世界上最为强势的政府之一，只有政府才能将这些资源资产化，将这些资产证券化，从而在金融市场上去融资。从这个意义上讲，政府的融资能力几乎无穷大。

政府从市场上借来的钱不是直接发放给个人或企业，而是通过杠杆作用与金融机构合作，从而产生放大效应。比如说，政府可以通过担保基金、风险基金、产业引导基金等方式来放大这些资金来源，从而让企业和产业获得更多的金融支持。

这样就解决了钱从哪里来的问题。

3. 钱往哪里去？

这是要回答资金的运用问题。

我们的回答：钱往能赚钱的地方去！

为什么钱要往能赚钱的地方去？因为只有这样才能还本付息，才能借到钱。金融工程是要无中生有的，借、还、赚是无中生有的三把利剑，我们戏称为"三字经"！

从我们在县域金融工程和市域金融工程的实践来看，应主要用两条腿走路的方式。一条腿是产业化，另一条腿是新型城镇化。前者是通过主导产业金融工程来实现的，后者是通过新型城镇化金融工程来实现的。

除此之外，我们还实施扶贫金融工程。扶贫金融工程主要是通过产业金融工程来进行综合扶贫。因此，它的主要内容还是通过产业化来扶贫。

4. 钱的风险如何控制？

这里所说的钱的风险，主要是指政府的信用风险。

答案是宏观资产负债表。

宏观资产负债表来源于美国人最先提出来的主权资产负债表。他们主要用这个东西来分析宏观金融风险，而我们则对这一工具进行了拓展，将国家主权资产负债表扩展为宏观资产负债表，将运用这种工具分析宏观金融风险扩展到运用这种工具来构建整个宏观金融工程。

一旦有了宏观资产负债表，就可以在宏观经济的任何一个部位编制一张资产负债表，从而通过表上作业来控制金融风险并推动经济发展。宏观经济的分析就可以建立在微观经济分析的基础上。

5. 钱的作用如何充分发挥?

答案是通过政府的手来充分发挥。

通过对前面四个问题的回答，可以看到，我们已经运用金融工程，使融资活动形成一个完整的闭环，或者说形成了一个完整的内部循环体系，即政府融资—杠杆作用—产业化和城镇化—风险控制。

在这个循环体系中，主要的参与者是政府、金融机构、企业和家户。而在这四个经济参与者中，政府又是最为重要的角色。因为这个循环的水龙头或者说闸门掌握在政府手中。政府将生产资料或者其他资源，往"资源资产化"这个资产包中装进的内容越多，资产证券化或其他融资方式能够融通的资金量就越大，金融这个"鬼"就能将经济这个"磨"推动得越快!

这就使得这个内部循环体系形成了一种良性循环，一种更大规模和更快速的循环!

这个良性循环的形成就解决了金融工程的"天门开阖"问题。

"能为雌乎?"

回答只有一个字：能!

叶永刚

2018 年 5 月 18 日

于珞珈山

《易经》与金融工程

去年是我在武汉大学最后一次给金融工程专业本科生上课。由于这是我在教学生涯中最后给本科学生上课，所以我对这门课程的教学做了一次大胆的尝试，我将《易经》中的太极八卦与这门课程的主要内容结合起来进行讲授。

每一次上课之前，我都在黑板上板书一卦，讲一讲卦象，讲一讲卦辞，然后结合课程内容进行讲解。这种讲法，受到了同学们的欢迎。

2019 年 3 月 19 日到 23 日，我主持了对外经贸大学的金融工程本科评估。

2019 年 3 月 22 日上午，我在报告评估反馈意见时，讲到了中国教育的方向问题。我认为中国教育的方向在人文方向上应该中学为体、西学为用。

我想到了《易经》方法在金融工程学科建设中的应用。《易经》是科学与人文的结合；现在的金融工程专业建设，科学厚之，人文薄之。而在人文中，又是西学厚之，中学薄之。

从《易经》的方法论出发，我们在培养目标上，应该搞"大复合"，而不是"小复合"。"小复合"指现代的金融、数学、计算机的复合。"大复合"指科学与人文的复合。

在人文方面则应该强化中华民族文化的自信。这种自信不能只是停留在口头的宣传上，而是应该落实到培养目标中，落实到课程体系建设和整个教学科研环境之中。

在整个课程体系建设中，不仅要有人文课程，而且要有中华民族文化的相关过程。全世界的智者都愿意读中国的《易经》《黄帝内经》和《道德经》，但是中国的大学生有几个人在读呢？为什么课程建设中不能放进这些课程呢？

中国不仅需要在经济上和科技上振兴，更需要一次新的文化复兴，这种复兴首先是复兴中国自己的文化，而不是别人的文化。

我心里非常清醒，目前给大家讲这些话，没有多少人愿意听，听了也起不了大作用。但是我仍然会讲，仍然会在各种场合大讲特讲。不仅会讲，而且会做。从自己做起，从长江金融工程研究院做起。不仅要求自己的团队这样去做，而且在全国各地推进金融工程的过程中，也会这样去做！

"子规夜半犹啼血，不信东风唤不回"，我又想起这句古诗。

叶永刚

2019 年 3 月 24 日

于珞珈山

金融工程的"天门"

老子《道德经》通俗版本第十章中有这样一段话：

> 载营魄抱一，能无离乎？
>
> 专气致柔，能如婴儿乎？
>
> 涤除玄览，能无疵乎？
>
> 爱民治国，能无为乎？
>
> 天门开阖，能为雌乎？
>
> 明白四达，能无知乎？
>
> 生之畜之，生而不有，为而不恃，长而不宰，是谓玄德。

我们在这里只谈一谈"天门开阖，能为雌乎？"与金融工程之间的关系。

老子的道中，有至道、天道、地道、人道，这里的"雌"与老子对人道的要求有关系，要求人要做到"抱雄守雌"，处于"中和"状态和境界。

而这里的"天门"与天道有关系。"天门"是沟通人道与天道之间的一扇天窗或大门。"天门开阖"即要打开这扇天窗，使人登堂入室，进入这种

"中和"状态，即达到"天人合一"的状态。"天人合一"也就是天道、地道、人道与至道的相通之道。

在运用老子的道来进行身国同治之时，能否将这种玄妙的哲学与金融工程学同修呢？哲学上的"天门"与金融工程学的"天门"如何联系起来分析呢？

打开金融工程的"天门"很大程度上就是要解决金融与经济的关系以及如何用金融去驱动经济发展的问题。而这两个问题是与"叶氏五问"紧密地联系在一起的。金融的世俗化说法就是钱，金融与经济的关系也就成为钱与经济的关系了。钱与经济的关系可以从五个层面进行分析，也就是"叶氏五问"，即"钱是什么""钱从哪里来""钱往哪里去""钱的风险如何控制""钱的作用如何充分发挥"。这五个问题说清楚或者弄懂了，金融工程的"天门"就可打开了。

我们将回答这五个问题而形成的金融工程实施方案称为"利器"的"器"，称为"图穷匕首见"的"匕首"。我们将打通金融工程"天门"的"叶氏五问"称为金融工程之"道"。尽管金融工程有很多"道"需要去探索，但抓住了这个"道"，很多宏观金融工程的问题就可以迎刃而解了，就可以像老子说的那样，做到"抱雄守雌"了！

叶永刚
2018 年 2 月 1 日
于东莞

老祖宗的智慧

我从 19 岁开始教书，首先是当民办老师，从小学教到高中毕业班。后来中国恢复高考，我带着学生一起参加高考，并和他们一起上大学。大学毕业后，我又自愿留校当老师，一干就是 35 年。从 2018 年开始，因为快要退休了，我不再招收博士和硕士研究生。

就在教学生涯快要结束的时候，我恍然大悟。几十年来我仅读和教到了书的表层，而没有看到书的背后还有大学问。我想很多人应该都同我有一样的感受。教书本来应该给别人"智慧"，可是我充其量只给了别人"智"，而没有给别人"慧"。"智"是一种外向的"外观"，让人们由内向外看世界，这是西方文化的主要特色。而我们的东方文化要我们既向外，又向内。"慧"是向内的"内观"。它要我们从外向内看自己身心中的这个小宇宙，而内外打通就是"天人合一"。一直以来"慧"这个老祖宗的"宝贝疙瘩"被我们丢弃了。

"亡羊补牢，未为迟也！"我要告诉我的每一个朋友和读者，换一种思维方式来学习、研究和工作，换一种思维方式来看经济、金融和金融工程吧！

我们从呱呱坠地的那一天开始，就只知道向外，而不知道向内。因此，常人都处在一种"亚健康"的状态。县、市和经济社会也像我们一样，处在一种"亚健康"的状态。

每一个人都需要重新学习，需要反省，需要有人当头棒喝：站住，你该醒了！但是，这种机缘太少了！太难得了！

如果我们的教育和教育者能够首先觉悟，难道不是教育的福气吗？不是国家的福气吗？不是人类的福气吗？

如果研究者能够醒来，改造经济学、金融学和管理学，这不就是社会的福气吗？是的，我们正在这样想，也正在这样干！

金融是经济的"气血"。任何一个县、市、经济社会都需要"气血"通畅，然而这些"亚健康"的经济所存在的普遍问题恰恰就是"气血"不通畅！通则不痛，痛则不通。不通有什么可怕的呢？打通不就行了吗？金融工程不就是来打通这些"气血"和"脉络"的工程吗？从这个意义上讲，我们的金融工程也可以称为"通经活络学"！这不就是内观和外观结合吗？这不就是"天人合一"吗？

这一套方法，我们不仅要自己学会和想通，还要教给学生和社会上的每一个听众。"师者，所以传道授业解惑也！"

叶永刚

2018 年 1 月 24 日

于珞珈山

"个中三昧"与金融工程套利图

　　"个中三昧"，这是儒、道、佛三家都在追求的身心兼修所表达的一种状态。这种三合一的状态也叫作"精、气、神"三合一的状态。一旦达到这种状态，也就是得道了、成圣了、成佛了或者说觉悟了。总而言之，这是一种理想状态或境界。

　　"个中三昧"这种"三昧"状态和金融工程套利图有关系吗？有什么样的关系呢？

　　"三昧"是精气神的三结合，也就是金融工程套利图中 ABC 的三结合。

　　B 和 C 是对立统一的两个方面，可类比"三昧"中的"气与神"。A 是平衡条件，可类比"三昧"中的精。"精诚所至，金石为开"中的那个"精"字！

　　如果我们能够在哲学中弄清楚儒、道、佛三家追求的"三昧"，并且在金融工程方面能弄懂金融工程套利图中的 A、B、C 三点，那么就可以在运用金融工程原理和方法去分析问题和解决问题的同时，还能体会"精、气、神"三者合一的那种天人合一的美妙状态！

叶永刚

2020 年 2 月 14 日

于武汉大学

金融工程"三句半"

我于 1958 年农历六月初六出生在湖北省黄陂县一个叫作下叶湾的小村子。后来，黄陂县划进了武汉市，所以黄陂县叫作黄陂区了。黄陂是闻名的曲艺之乡，民间有许许多多的曲艺形式，我从小就受到这种艺术气氛的熏陶。

我记得过去在生产队当农民时，公社经常组织我们参加演出，其中有一种节目形式叫作"三句半"。

我常常在想，我能不能写一段"三句半"来揭示金融工程的本质特征呢？

人们常常问我：什么是金融工程？

我常常开玩笑告诉人们：金融工程就是"鬼推磨"工程。因为金融工程可以无中生有。

为什么我愿意说金融工程是一种"鬼推磨"工程？

因为金融工程正是通过金融手段来有效地配置经济资源，所以它也可以说是配置资源的一种有效形式。

我们还是首先来看我写的"三句半"吧。

金融工程"三句半"：

A：我们四人台上站

B：一起说个金融工程三句半

C：说得不好不要笑

D：请看

A：我们今天的事可以用明天的钱来办

B：我们今天的事还可以用昨天的钱来办

C：我们本地的事更可以用外地的钱来办

D：点赞

这个"三句半"不太纯粹和地道，ABC 本应该是七言，我都将它变成了长短句，而且，我在这里仅仅是写作了两个片段。其实，"三句半"会由很多

230

段构成一个完整的表演剧，有一点像众口相声，而且每人手中拿着一样敲击乐器，边敲击边表演。这两个片段中更重要的是后面这一个。第一个是个"开场白"，第二个才是正题。

后面这三句如果用普通的陈述句来表达，应该是这样的，

"用明天的钱来办今天的事"。

"用昨天的钱来办今天的事"。

"用外地的钱来办本地的事"。

之所以前面要用"三句半"的形式来表述，是为了加深印象，让大家不易遗忘。

这三句话，其实可以用来揭示金融工程的本质特征。

第一句：用明天的钱来办今天的事。

我有一次到海南省去推进金融工程。海南的朋友告诉我，中央希望海南省能够建成一座国际化的旅游岛，可就是缺钱。

我告诉他们：非也！缺的不是钱，是思路。

朋友们都瞪大眼睛看着我。我解释说：金融工程中有一句话叫作"用明天的钱来办今天的事"，就这么短短一句就可以建成国际旅游岛。

他们难以置信。我接着说：

比如说，你们要在海边建一座大佛，以招徕游客。建成大佛之后，每年的门票收入可以增加 1 亿元人民币，十年后就可以收到 10 亿元人民币。你们可将这 10 亿元门票进行资产证券化或向银行进行质押融资，所有的融资几乎都可以打通。今天拿到这笔钱来修大佛，今后十年用门票收入来偿还这笔贷款。这样做下去，不就无中生有了吗？这就是金融工程的神奇力量。

旅游可以这样做，其他产业不也可以这样做吗？你们不仅可以在货币市场融资，还可以到资本市场上去融资。

想一想，人家为什么要买你的股票？那是在买你的明天，而不是买你的今天。你用明天有可能产生的现金来实现今天的梦想。

正因为如此，我常常告诉各地的企业家们：不要犹豫了，走资本市场的道路吧。用明天的钱，马上就可以实现你今天的梦想，何乐而不为呢？何必将你自己的梦想，留给你的子孙去实现呢？要知道，你的子孙也是很难靠得

住的。最可靠的还是你自己呀!

第二句：用昨天的钱来办今天的事。

近些年来，大家议论较多的是东北振兴问题，为此我们也专门到东北考察了一番。

冬天到东北，皑皑白雪下蔓延着广袤无边的黑土地，随手抓取一把黑油油的泥土，简直就可以捏出油来。不仅如此，这些原野上还流淌着源源不断的河流。由于冬季冰封雪压时间较长，地上的病虫害比其他地区要少得多。因此，这里生长的农作物要比其他地区的品质好得多。

金融工程能为东北做些什么呢?

金融工程完全可以承担起东北振兴的重任。金融工程常常说到两句话：一句叫作资源资产化，另一句叫作资产证券化。有了这"两化"，东北的黑土地就变成活钱了。金融活，经济不就活了吗?

黑土地是老天爷和老祖宗给我们留下的宝藏，这就是昨天的钱。我们完全可以通过资源资产化的方式将这些土地资源股份化，让这些股份公司挂牌或者上市。再让黑土地公司将自己生产的农产品进行深加工，再以驰名商品走向海内外，让全世界的人都能够享受东北的农产品和深加工产品。仅这样一个"黑土地金融工程"就可以使东北振兴了，更何况东北还有那么多煤矿、铁矿和石油呢!

第三句，用外地的钱来办本地的事。

对于县域经济和农村来说，现在面临的一个普遍的问题就是资金流失。乡镇流失到了县域，县域流失到了省域，省域流失到了京城，京城流失到了国外。3万多亿美元的外汇储备，就是20万亿左右的人民币流失到国外的货币体系中去了，就是支持发达国家的经济建设去了。

这件事情把方向搞反了，我们可以把资金留给自己，还可以吸收更多的资金为自己服务。

我们的口号是"把根留住"，即"把银根留住"。过去为什么留不下来?因为有风险。为什么风险控制不了呢?因为我们大家太相信市场经济的力量了。因此，金融机构、企业、政府都是各自为阵。如果我们换一种思维方式，将政府之手与市场之手结合起来，进行协同创新，这个风险不就可以大大降低了吗？流失的资金不就可以回流了吗？被颠倒了的历史不就可以重新颠倒过来了吗？

讲完这三句话，我们就可以看到，金融工程可以从时间和空间两个维度来配置资源。第一句和第二句讲的是时间维度，而第三句话讲的是空间维度。我们正好站在这两个维度的中心点。正因为我们可以运用金融工程从这两个维度将资源向我们所在的中心点汇集，所以可以在一个不太长的时间将我们所在的地方打造成一个"资金洼地"，将这个地区变成一个"爆破口"或者"增长极"。这就是金融工程可以让经济实现爆炸性增长的一个重要根据和理由。

写到这里，我想起今年春天在湖南省一次金融工程座谈会上的情景。湖南省社会科学院的一个领导说："金融工程的这种理论与实践，让我感到震撼。这三句话给我们指明了下一步深化金融体制的方向。这样去做就可以将我们的经济发展提升到一个崭新的水平。看来我们今年纪念中国改革开放 40 周年的最好行动，就是要进一步解放思想！"

这位领导的发言让我和我的团队深受感动和鼓舞，我们感谢这个时代给我们赋予的历史使命，我们信心百倍，一定会和大家一起，将这项工程不断推向纵深，推向全国，甚至推向全球！

看来，这"三句半"的最后半句，得改动一下，不是"点赞"，是"震撼"了！

叶永刚

2018 年 5 月 18 日

于珞珈山

第九章　金融工程哲学方法在乡村振兴中的应用

乡村振兴"目标论"

乡村振兴就其本身而言，不同的人可能有不同的理解。最有代表性的有以下四种观点：

（1）扶贫衔接目标。扶贫攻坚战略已经收官，但其后续工作还需要接着做，特别是不能出现返贫问题。

（2）产业发展目标。有人认为乡村振兴最重要的工作就是产业振兴。因此，在乡村振兴中有人强调"一村一品"等内容。

（3）经济发展目标。这是在强调乡村经济高质量发展。不仅要有 GDP，还要有生活质量。

（4）全面治理目标。不仅要发展经济，还要提高乡村全面治理能力。

从乡村振兴金融工程角度讲，我们强调的是第三条，即经济发展目标。

经济发展目标的实现与"一点论"密切相关。还是来看图 10-1。

该图的上圆表示经济目标，下圆表示经济手段。就一般意义而言，我们可以用 GDP 来衡量。但是，当我们用这种方法论来分析乡村振兴时，问题就不是这么简单了。

没错，乡村振兴需要做大这个"蛋糕"，但是我们别忘了，乡村振兴还有

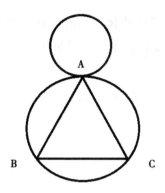

图 10-1　金融工程套利图

一个"分蛋糕"问题。

从哲学层面讲，这里还有一个"先富"与"共富"的关系问题。我们过去往往只是笼统地提乡村经济发展目标，而没有考虑到如何真正消除贫困，特别是如何真正消除相对贫困的问题。

如果说，在扶贫攻坚战略中，实现了消除绝对贫困化的问题，那么，在乡村振兴的战略中，要实现的经济目标就是要消除相对贫困化了。

过去所提倡的口号是既要让一部分人先富起来，又要让先富带动相对贫困户，从而实现共同富裕。但是，后来的结果却是一部分人"先富"之后，并未带动其他的人"后富"，更有甚者，直接将财产转移到国外去了。

正因为存在这些问题，所以，党的十九大提出"新发展理念"，其中一个非常重要的内容就是"共享"。

如何做到"共享"？我们强调人民当家作主的重要性。我们的乡村长期存在贫困化问题的一个重要原因就是农村的生存资料并未很好地形成农民的分配成果，所以农民走到任何一个地方，都被称为"农民工"。

要想从本质上拔除这个"穷根"，就得要让生产资料全面进入农民的分配成果之中。如果只是让农民以低廉的价格将土地流转到一部分"先富"的人手中，这种相对贫困的问题是难以解决的。

因此，从乡村振兴的"目标论"来看，我们主张通过乡村资产运营管理公司的设立来解决乡村振兴中的共同富裕问题。

我们不仅要设立股份合作社，而且要将股份合作社升级到股份制企业。

集体经济组织只有实行了"企业化"或者叫作"公司化"，才能与市场经济真正接轨。能否接轨的关键就在于能否通过乡村集体经济组织的股份制改革来实行其企业化。

可见，要想实现乡村振兴的共同富裕目标，既要股份化，又要企业化！

叶永刚

2022 年 6 月 21 日

于珞珈山

乡村振兴"路径论"

金融工程哲学方法在乡村振兴中的应用有"目标论"也有"路径论"。"目标论"体现了金融工程的"目的"，"路径论"强调了金融工程的"手段"。

从金融工程的基本概念来看，它要求目的与手段的统一性。如果说"目标论"是我们所说的"一点论"，那么目标与路径的一致性所体现的就是"两点论"。

两点论就是要解决金融与经济的关系，就是要运用金融工程的基本原理去推动经济的高质量发展。就乡村振兴战略来说，就是要运用"三条鱼理论"去解决乡村的经济高质量发展的问题。

"三条鱼理论"运用在乡村振兴战略中就是要通过盈利、创新和风控手段来解决乡村振兴中的三大问题，即钱从哪里来、钱往哪里去和钱的风险如何控制的问题。

第一个问题：钱从哪里来？

解决路径：乡村资产运营与管理公司。通过资源资产化、资产资金化解决资源变资产的问题。

第二个问题：钱往哪里去？

解决路径：乡村主导产业金融工程。任何一个乡村，几乎都有农业，几乎都可以发展旅游业，几乎都可以打造田园综合体。解决了农村产业融合问题，就可以解决农村经济体的"商业模式"问题了。

第三个问题：钱的风险如何控制？

解决路径：综合性融资担保体系。一是纵向体系，可以将县（区）、镇和村实行"三级联动"。二是横向体系，可将国家、集体和个人三者结合，实行综合性担保基金制度。这样"纵横交错"，即可解决乡村金融中的信用风险问题。

有了以上"三条路径"，我们便可形成一个较为完整的"乡村金融工程模式"。

叶永刚

2022 年 7 月 1 日

于珞珈山

乡村振兴"模式论"

金融哲学方法在中国乡村振兴中的应用，既有"一点论"，也有"两点论"，更有"三点论"，还有"系统论"，这些都可以从金融工程套利图中得到反映和体现。"一点论"可以理解为"目标论"，"两点论"可以理解为金融与经济的关系，"三点论"可以理解为"三条鱼理论"，"系统论"则形成了一个开放性的系统，还可以考虑其他因素的影响和作用。

这些哲学原理和方法的运用，要求我们不仅要分析问题，而且还要解决问题。

解决问题就涉及"模式论"。

所谓"模式"指的是可以仿效的样式。在乡村振兴中，"模式论"与"路径论"之间到底有没有关系，有什么关系呢？

当然有关系，而且有十分密切的关系呢！

"路径论"解决的是乡村金融工程的路径选择与优化问题，最后形成的是各项具体措施。而"模式论"解决的则是将这些措施整合成实施方案的问题。

在分析"路径论"时，强调"要一手抓住三条鱼"。而当我们分析"模式论"时，则主张要将"三条鱼"做成"全鱼宴"，即要弄出一个具有操作性和实效性的具体方案来。这就是乡村金融工程实施方案。

如果实施方案取得显著成效，并且具有了示范效用，那么这种方案就可以形成可供学习和借鉴的"模式"！

如此看来，实施方案既要有一般性，也要有特殊性。在乡村金融工程实施方案中，"三条鱼理论"所体现的就是一般性。而我们最后在实施方案中所形成的各种具体措施，则是这"三条鱼理论"根据各个乡村的实际情况所形成的解决问题的办法了！

"路径论"解决了"三条鱼理论"问题，"模式论"则解决了"实施方案"及其可复制的问题。

叶永刚

2022 年 7 月 3 日

于珞珈山

乡村振兴"ABC 模式论"

乡村振兴有了"目标论"，有了"路径论"和"模式论"，接下来就要逐层分析，从抽象到具体了。有了这"三论"，我们就可以将其落实到"乡村"这个具体对象了，这就有了"ABC 模式论"。

我们在对金融工程套利图的分析中，曾经将 ABC 表示为"三条鱼"。在这里，ABC 有了其他的解释和用途。

在这里，我们用它们来描述乡村振兴金融工程的具体模式：

（1）C模式。这是我们在实施"大包干"之后农村中存在的普遍形式。C指农户，C模式指农村中承包集体土地的农户分散经营方式。

（2）B模式。B指集体和农户之外的第三方企业。这是农村目前存在的将农户土地承包权流转给集体和农户之外第三方的所谓"乡贤模式"。

（3）A模式。A指农村公有制企业，即农村国资企业或集体企业。这是农村集体经济组织所形成的企业化经营模式。

（4）ABC模式。这是以集体企业为主导而混合其他经济主体的"A+B+C"模式。A指农村国资企业或集体企业，B指第三方企业，C指农户。

A组织形式是乡村资产运营管理公司，我们简称为人民公司。对于ABC模式而言，我们所强调的是以A为主导，混改B，带动C。

这完全不同于过去让一部分人先富起来的B模式，而是一条让先富带农户实现共同富裕的崭新道路。

在这里，要处理好"先富"与"共富"的关系。这是乡村振兴金融工程的一种"升级版"。为什么说它是一种"升级版"？

因为在过去的C模式中，强调的是个体致富；在B模式中，鼓励的是一部分人先富；而在ABC模式中，我们主张的是发挥国企和集体企业的主导作用，是国企、集体企业和民营企业的共进退，是企业对农户的带动作用。从本质上讲，这是一种以公有制企业为主导的混合经济，而不是一种以民企和个体为主导的私有经济。这就是中国农村的公有制经济，这就是中国农村的社会主义方向，这就是中国农村改革和发展的崭新道路。

ABC模式，不仅可以解决中国乡村振兴的道路和方向问题，即"目标论"，而且可以解决"路径论"和"模式论"问题。最后将这"三论"运用到乡村振兴的"最后一公里"，从而形成"最后一公里"的具体方案！

叶永刚

2022年7月3日

于珞珈山

乡村振兴安陆 ABC 模式

这是一种县域经济的 ABC 模式。

2021 年，我们在湖北省的安陆市实施县域金融工程升级行动。这是一个县级市，我们在该市的金融工程方案中进行了县域乡村振兴金融工程 ABC 模式的实验。

安陆市 ABC 模式有以下主要措施：

（1）设立三级联动的乡村资产运营管理公司。全市成立乡村振兴的国企负责全市乡村振兴资产管理公司的运营和管理。

（2）设立镇级资产运营管理公司。全市几乎每一个乡镇均设立一个乡村资产运营管理公司。

（3）设立村级乡村资产运营管理公司，初步形成县、镇和村三级联动的协同创新机制。

（4）每一个镇级公司与村级公司和第三方公司混改并组建田园综合体。

（5）筛选优质田园综合体"捆绑"上市。

（6）市级乡村资产运营管理公司设立产业基金，促进田园综合体，加快企业上市步伐。

历经一年的时间，该市的乡村振兴工作取得了初步的成效。可别小看了这种县域 ABC 模式，有了这种模式就可以解决县域经济发展的三大问题。

其一，钱从哪里来。有了县域三级联动的资产运营管理公司就有资源资产化和资产资金化。这就可以使一个县域的高质量经济发展具有源源不断的融资规模了。

其二，钱往哪里去。钱往产业去，产业就是企业。企业股改和上市就可以带动整个产业发展了。

其三，钱的风险如何控制。县域资产运营管理公司扩大了资产规模，也具备了足够的担保能力，这种三级联动的运行机制，足以为乡村企业提升企业和银行的信用风险管理能力。

如果我们解决了以上三个问题，也就解决了另一个问题，即金融与经济的关系问题。县域经济就可以起飞了！

叶永刚

2022 年 7 月 3 日

于珞珈山

乡村振兴陈贵 ABC 模式

这是一个在乡镇层面实施 ABC 的样板。

陈贵镇是湖北省大冶市的一个乡镇，我们从 2021 年开始在该镇实施 ABC 模式。

该模式主要有以下措施：

（1）制定陈贵镇乡村振兴金融工程实施方案；

（2）设立陈贵镇国资企业集团公司；

（3）设立陈贵镇该集团公司旗下的乡村资产运营管理公司；

（4）设立村级资产运营管理公司；

（5）实行镇、村两级资产运营管理公司协同创新；

（6）实行镇、市两级资产运营管理公司协同创新；

（7）加快镇级资产运营管理公司与民营企业的混改与重组，培养和推动企业上市。

这种乡镇 ABC 模式的实施解决了以下重要问题：

（1）乡村资产运营管理集团公司的设立解决了全镇经济发展的资金来源问题；

（2）企业股改和培育上市可以解决企业股权质押融资问题，并且解决该镇主导产业发展问题；

（3）全镇资产运营管理公司的成立解决了企业融资担保问题。

以上三大问题的解决也就解决了该镇的"三条鱼理论"问题，即钱的来源、钱的用途和钱的风险管理问题。

这就从根本上解决了全镇经济的高质量发展问题！

叶永刚

2022 年 7 月 3 日

于珞珈山

乡村振兴中堡村 ABC 模式

这是一个村级 ABC 模式的故事。

2022 年 6 月 26 日上午，我们长江金融工程研究院研究团队在嘉鱼县人民政府领导的带领下，走进该县簰洲湾镇的中堡村进行调研。

刚刚走进村子，我们就看到了 1998 年抗洪的群雕。群雕旁有一棵高高的白杨树。随行的领导指着那棵白杨树告诉我们："你们还记得当年小江珊的故事吗？她就是抱在那棵树上获救的呢！"

这个村子叫中堡村。小江珊那时就是生活在这个村子里。村支书给我们介绍了村里实行乡村振兴战略的基本情况、存在的主要问题和他们下一步的打算。接下来，村支书和村委会的其他领导同志希望我们能就该村的乡村振兴工作提出一些建议。我们针对该村的实际情况提出了以下三点想法：

（1）将村里的股份合作社升级为股份制企业。目前村里的股份合作社很难与市场经济接轨。银行很难对合作社融资。

（2）以村里的抗洪文化作为特色发展乡村旅游产业。尽管该村已经有了养殖产业和种植产业，但该村最有特色的是抗洪文化资源，如果能挖掘这种资源形成田园综合体，将大大促进该村产业和经济发展。

（3）簰洲湾成立镇级乡村资产运营管理公司。将镇级公司与村级公司协同创新。这样做不仅可以解决村级公司的融资困难，而且可以大大降低中堡村融资的信用风险。

这三大措施放在一起综合考虑，实际就是一个初具雏形的村级乡村振兴ABC模式。

第一大措施可以解决钱从哪里来的问题。全村的资源变成资产，资产变成资金，这就解决了资金来源问题。

第二大措施可以解决钱往哪里去的问题。钱往村级最有特色的产业去，这就可以解决钱的用途问题。

第三大措施可以解决钱的风险控制问题。簰洲湾镇级公司与中堡村的村级公司协同创新，这就可以解决中堡村的融资风险管理问题了。

当离开中堡村时，我们再次回望那组"98抗洪"的群雕和那棵挽救小江珊生命的白杨树。我们在心中暗暗地说："再见了，中堡村！再见了，英雄们！再见了，白杨树！我们还会再来。我们还会再回这里，将这里打造成为中国乡村振兴金融工程的典范！"

叶永刚

2022年7月3日

于珞珈山

后　记

今年端午节，我一个人待在珞珈山的办公室修改完了《无中生有——金融工程哲学笔记》的书稿。本想一鼓作气写完后记，无奈累了，天气又热，实在干不下去了。

索性给自己放假，回乡下去了。

回到黄陂老家，头脑被田野上的清风一吹，又清醒了，又想干活了。我又拿起笔来，在老家的老屋里，接着写后记了。

我想在后记中回答以下几个问题。

第一个问题：我为什么要写这本书？

我感到我们的金融工程学科需要有这样一本书。从2002年开始至今，金融工程学科已经走过20个年头了。我们的学科从无到有、从小到大、从弱到强，现在中国的每一个高校几乎都开办了这个专业！这个学科毫无疑问，已经成为全球所有国家中最大的方阵之一了！起码，它的发展已经为中国下一步的经济发展奠定了一个坚实的高端金融人才基础！

仔细想来，我们的金融工程学科已经走过国际化、本土化和信息化等阶段。接下来，我们要走的道路将是全球化！中国的金融工程不仅要学习和借鉴国外的理论、方法和经验，而且要走出一条具有鲜明特色的中国道路并去引领和推动全球化金融经济的发展！

中国的金融工程该是讲中国故事的时候了！这便是我写这本书的意图和目的。讲得好不好是水平问题，讲不讲则是态度问题！我的态度不仅明确，而且坚决！就是要讲"中国故事"了！

第二个问题：我是怎样写这本书的？

这本书类似一本日记。我是利用教学和科研工作的空余时间，断断续续地写下来的。很多想法在刚刚筹办金融工程专业之时就有了，后来在教学和科研的过程中，又进行了不断的思考和深化。有了一点想法，我就将它们记下来，慢慢地，就有了厚厚的一摞草稿了。于是，就有了这本书现在的样子了！

第三个问题：这本书最核心的内容是什么？

这本书最核心的内容是金融工程套利图。为什么我要弄出这么一个东西呢？对于从事金融工程教学和研究的专业人员来说，该学科的核心分析方法是无套利分析法。这个分析方法贯穿金融工程课程的始终。抓住了该方法，就抓住了金融工程的"牛鼻子"。

对于哲学方法来说，抓住了唯物辩证法就抓住了哲学方法的"牛鼻子"。将哲学方法的"牛鼻子"和金融工程方法的"牛鼻子"拴在一起，就形成了"金融工程套利图"这个"牛脑子"！

这个"牛脑子"的主要内容是什么？

一是"一点论"。这与金融工程的研究目的有关。金融工程研究的目的是发展经济。

二是"两点论"。这与金融工程的基本概念有关。金融工程的基本概念是目的与手段的统一。它要研究金融与经济的关系，也就是要用金融去推动经济发展。

三是"三点论"。如何运用金融推动经济发展？我们强调"一手要抓住三条鱼"，即A、B、C三点。A点指盈利点，B点指创新点，而C点指风控点。

四是"系统论"。金融工程是经济系统工程。"三条鱼"最重要的是形成"全鱼宴"。金融工程套利图所指的系统论方法必须应用于实践，成为工程化的实施方案！

第四个问题：我为什么要在金融工程哲学中强调中国哲学？

因为我们过去忽视了这个问题！

中国哲学是中国文化的思想宝库。我们的老师们过去并没有系统地将《易经》《道德经》和《黄帝内经》这些中国传统教给我们，我们也没有将这些东西很好地教给我们的学生。正因为如此，我们所培养出来的学生往往缺乏对中国文化的深刻理解。之所以写这本书，是希望在这方面做一些新的探索，以提高我们学生的制度自信和文化自信。

写到这里，我又想起伟大的屈原和他的诗句："路漫漫其修远兮，吾将上下而求索！"

叶永刚

2020 年 6 月 4 日

于黄陂老家下叶湾